스타트업
전략 커뮤니케이션

커뮤니케이션이해총서

급변하는 커뮤니케이션 환경에서 새로운 지식에 대한 욕구가 높아지고 있습니다. 이러한 흐름에 발맞추어 하나의 커뮤니케이션 주제를 10개 항목으로 묶어서 달걀 꾸러미처럼 엮었습니다. 사회의 변화를 빠르게 알기 원하는 대중과 시대에 앞선 지식을 단시간에 알고자 하는 연구자, 실무자, 학생에게 도움이 되는 책입니다.

일러두기

- 인명, 작품명, 저서명, 개념어 등은 한글과 함께 괄호 안에 해당 국가의 원어를 병기했습니다.
- 외래어 표기는 현행 어문규정의 외래어표기법을 따랐습니다.

커뮤니케이션이해총서

스타트업 전략 커뮤니케이션

이연재

대한민국, 서울, 커뮤니케이션북스, 2025

스타트업 전략 커뮤니케이션

지은이 이연재
펴낸이 박영률

초판 1쇄 펴낸날 2025년 2월 3일

커뮤니케이션북스(주)
출판 등록 2007년 8월 17일 제313-2007-000166호
02880 서울시 성북구 성북로 5-11
전화(02) 7474 001, 팩스(02) 736 5047
commbooks@commbooks.com
www.commbooks.com

CommunicationBooks Inc.
5-11, Seongbuk-ro
Seongbuk-gu, Seoul, 02880, KOREA
phone 82 2 7474 001, fax 82 2 736 5047

ISBN 979-11-7307-686-2

책값은 뒤표지에 표시되어 있습니다.

차례

왜 스타트업 전략 커뮤니케이션인가 vii

01 스타트업의 전략적 이해관계자 1

02 스타트업 PR과 전략 커뮤니케이션의 기능 11

03 스타트업 공중 관계 경영 21

04 스타트업 리더십 커뮤니케이션 31

05 스타트업 브랜딩 41

06 스타트업과 기업가 정신 51

07 스타트업 내부 커뮤니케이션 59

08 스타트업과 소셜 미디어 69

09 스타트업 위기 커뮤니케이션 79

10 스타트업과 사회적 책임 87

왜 스타트업 전략 커뮤니케이션인가

해외의 '에어비앤비', '우버'를 비롯하여 국내의 '토스', '당근마켓', '배달의민족'과 같은 수많은 스타트업 기업의 혁신적인 창업 성공 스토리는 젊은 스타트업 기업가들에게 큰 동기를 제공하고 있다. 지난 20년간, 새로운 고용 창출과 경제 성장과 발전의 핵심 동력으로서 스타트업의 중요성이 강조되면서 혁신, 기업가 정신의 대명사인 스타트업의 성공적인 비즈니스 전략에 관한 학제적 · 실무적 관심이 증가해 왔다. 특히 독특하고 빠르게 발전하는 국내 시장에서는 최근 몇 년간 스타트업 기업이 폭발적인 성장을 이루었다. 중소벤처기업부가 2023년에 발표한 국내 스타트업 기업 실태 조사에 따르면, 2021년 기준 전체 창업 기업 수는 450만 개에 달하고, 업종별로는 제조업, 전자 상거래업, 교육 서비스업 등이 주로 영위하는 것으로 나타났다. 정부는 국내 곳곳에서 스타트업 기업들이 기업가 정신과 혁신을 주도할 수 있도록 재정적 · 정책적 지원을 아낌없이 제공하고 있다. 2023년에는 3조 원이 넘는 금액을 창업 지원 사업에 투자하고, '생애 첫 창업' 청년에게 사업

화 자금을 제공하는 등 기업 창업과 혁신에 대한 서비스와 지원, 정책의 적용 범위를 확대하고 업그레이드하려는 노력을 하고 있다. 또한 최근에는 AI 기술 인력 양성 사업의 일환으로 스타트업 대상 AI 전문 교육을 실시하는 등 국내 스타트업 기업들의 지속적인 발전을 위한 관심이 뜨겁다.

대학과 학계에서도 현재 거센 스타트업의 열풍과 인기를 잘 반영하듯, 기업가 정신이나 혁신 관련 전공이나 프로그램이 인기를 얻고 있다. 일부 대학에서는 스타트업 관련 학위 프로그램을 개설하기도 했다. 한양대학교 창업융합학과, 성균관대학교 글로벌창업대학원, 이화여자대학교의 기업가정신 연계 전공 등이 그 예다. 대학교 학부 과정에는 기업가 경영, 혁신 관리, 신규 프로젝트 개발과 관리 과목이 포함되어 젊고 유능한 기업가들을 배출해 내고 있다. 그럼에도 현재 대부분의 창업 프로그램 커리큘럼에는 스타트업 홍보 PR, 커뮤니케이션 관리, 기업 커뮤니케이션 등과 같은 전략적 커뮤니케이션 과목이 빠져 있다. 기업가 정신 관련 과목 개설, 학생들에 대한 장학금이나 지원은 꾸준히 증가하고 있지만, 스타트업과 전략 커뮤니케이션의 연관성과 관련된 연구와 교육은 부족한 실정이다. 안타깝게도 스타트업 기업의 이미지와 명성을 구축하기 위한 효과적인 커뮤니케이션 전략과 도구를 개발하는 방법에 대한 논의가 학계 및 산업 내에서 충분히 이루어지지 않고 있는 실정이다.

사실상 늘어나는 스타트업 기업들에 반해 상당수가 지속 가능한 성공을 거두지 못하고 있다. 실패의 주된 이유는 전략적인 커뮤니케이션 계획과 실행의 부재라고 할 수 있다. 아무리 혁신적인 제품이나 서비스를 개발해도 효과적인 PR(홍보)이나 커뮤니케이션 전략이 없다면 성공하기 어려운 것이 현실이다. 끊임없이 변화하고, 진화하는 비즈니스 환경에서 생존하고 앞서 나가기 위해서는 적응력과 혁신성을 유지해야 하는데, 여기에는 전략적 커뮤니케이션이 필수적이다. 현재 성공적인 스타트업에 관한 기존의 연구나 서적은 경영, 비즈니스, 기업가 정신(entrepreneurship)의 측면에서 스타트업의 전반적인 경영 생태계를 이해하는 데 큰 도움을 주고 있다. 그러나 기업 안팎을 망라한 전략적인 커뮤니케이션 방법이나 PR 활동에 초점을 맞춘 책들은 대체로 실무적인 지침서에 머물러 있다. 따라서 이 책은 PR과 전략 커뮤니케이션의 학제적 관점에서, 기존의 연구와 이론을 기반으로 스타트업 기업이 전략적으로 커뮤니케이션 활동을 기획 · 실행 · 발전시키는 데 필요한 전문 지식 및 리소스를 제공하는 것을 목표로 한다.

스타트업 기업들에게 전략적 커뮤니케이션에 대한 지식이 필요한 이유는 크게 두 가지로 생각해 볼 수 있다. 첫째, 전략 커뮤니케이션은 스타트업의 지속 가능한(sustainable) 성장을 돕는다. 전략적 의사소통은 새로운 벤처 개발의 모든 단계에 깊이 연관되어 있다. 목표가 비전 수립이든, 브랜드 구축이든, 제품 출시나 홍보든, 스타트업은 다양한 이해관계자(예: 투자자, 고객, 직원, 정부, 미디어, 지역 사회)와의 관계를 관리하고 이를 처리해야 한다. 문제 상황과 위기 상황에도 적절히 대처해야 한다. 기존의 연구는 PR과 전략 커뮤니케이션의 세부 기능(예: 직원 관리, 브랜딩 등)이 어떻게 스타트업 기업들의 상황에 적용될 수 있는가에 주로 초점을 맞추었다. 초기 비즈니스 단계에서부터 성장기까지, 스타트업이 전략 커뮤니케이션을 통해 어떻게 꾸준히 성장하고, 주요 이해관계자들과 좋은 관계를 수립 · 유지할 수 있을지에 대한 포괄적이고도 체계적인 로드 맵이 필요하다.

둘째, 다른 일반 기업이나 대기업 등과 비교했을 때, 스타트업은 그 고유한 특성을 보이는데, 이에 걸맞은 전략적 커뮤니케이션 활동에 대한 구체적인 지침이 필요하다. 홍보 · PR은 지난 수십 년 동안 전략 커뮤니케이션의 필수 학문으로서 그 입지를 공고히 해 왔지만, 현재까지 축적된 이론과 지식의 대부분은 대기업에서 수행한 연구를 기반으로 하고 있다. 스타트업은 비즈니스 초기 개발 단계에 머물러 있는 경우가 많으므로 회사 규모, 구조, 정체성, 자원 측면에서 기존 기업들과 많은 차이가 있다. 예를 들어, 다국적 기업에 효과적인 브랜딩, 평판 관리, 기업의 사회적 책임, 마케팅 커뮤니케이션 등과 같은 전략은 이제 막 성장을 해 나가는 스타트업 기업에 적합하지 않을 수 있다. 독특한 문화적 · 경제적 배경을 고려한 스타트업의 맞춤형 커뮤니케이션 전략에 관한 이해가 필수다. 따라서 스타트업 환경에서 전략적 커뮤니케이션은 어떤 방향으로 이루어져야 하는지에 대해, 이 책은 아래와 같은 질문을 던지고자 한다.

1. 스타트업 기업이 전략적으로 커뮤니케이션해야 할 대상, 즉 주요 이해관계자들은 누구인가.

2. 스타트업에서 PR과 전략 커뮤니케이션은 어떤 기능을 하는가.

3. 스타트업-공중(公衆) 간 관계 경영은 어떻게 이루어져야 하는가.

4. 스타트업 기업의 리더들은 어떤 커뮤니케이션 전략을 활용해야 하는가.

5. 스타트업 기업 브랜딩의 역할은 무엇인가.

6. 스타트업에서 기업가 정신이 가지는 의미는 무엇이며 전략 커뮤니케이션에 어떻게 활용할 수 있는가.

7. 스타트업 기업에서 내부 직원들과 어떻게 효과적으로 커뮤니케이션해야 하는가.

8. 스타트업 기업이 소셜 미디어를 어떻게 활용할 수 있는가.

9. 스타트업에서 발생할 수 있는 위기에 적절히 대처하고 커뮤니케이션할 방법은 무엇인가.

10. 스타트업 기업에게 요구되는 사회적 책임은 무엇인가.

스타트업의 특성

스타트업은 창업 기업, 1인 기업, 중소기업, 신생 벤처 기업이라고도 부른다. 일부 연구자들은 스타트업을 혁신적인 제품과 서비스를 창출하는 첨단 기술에 초점을 맞춰 개발 초기 단계의 소규모 기업으로 간주하며, 또 다른 연구자들은 스타트업의 규모를 강조하여 중소기업(small and medium-sized enterprise: SME)과 동일시하기도 한다(Bresciani & Eppler, 2010). 앞서 언급한 바와 같이, 스타트업 기업은 대기업 및 일반 다른 기업과 차별화되는 독특한 특성을 갖고 있으며, 성공적인 비즈니스와 커뮤니케이션 관리를 위해서는 맞춤형 전략이 필수다. 스타트업의 독특한 환경은 두 가지로 나누어 볼 수 있다.

첫째, 성장하는 기업의 특성상, 스타트업은 아직 명확한 기업 정체성이나 평판이 부재한다. 회사의 명성과 이미지는 수년에 걸쳐 확립되며, 다양한 이해관계자와 장기적인 상호 작용과 관계 구축을 통해 형성된다. 평판이나 명성, 이미지는 기업의 과거 실적과도 높은 상관관계를 갖고 있다. 따라서 기업의 역사가 짧은 스타트업은 성과에 대한 충분한 데이터가 없어 평판이나 명성을 정확히 측정하기 힘들며 변동 가능성이 높다. 또한 확립된 브랜드나 기업의 아이덴티티(identity)가 없이 시작하기 때문에, 고객 기반이 부족할 수 있다. 따라서 브랜딩은 스타트업 기업에게 새로운 고객 확보 측면에서 매우 중요한 요소이며, 회사의 생존과 지속 가능성과도 직결된다(Mueller et al., 2012). 그러나 재정적 · 인적 자원의 한계로 명확한 브랜드 비전이나 이미지를 구축하는 데 어려움이 따를 수 있다. 명성을 구축하고 제품이나 서비스에 대한 이해관계자들의 신뢰도를 높이는 일이 최우선 과제라 하겠다.

둘째, 인력과 재정 부족으로 스타트업 기업은 내부 구조나 역할 분담이 제대로 확립되지 않은 경우가 많다. 따라서 보통 직원 한 명이 동시에 여러 역할을 수행하는 경우가 흔한데, 특히 CEO와 같은 기업의 최고 리더와 창립 멤버인 경우 더욱 그렇다. 즉, CEO가 대표인 동시에 인사 관리자, 미디어 관계 전문가, 투자자 관계 담당자, 제품 관리자 등 다양한 역할을 동시에 수행해야 하는 경우가 많다. 또한 독립된 커뮤니케이션이나 PR 부서가 존재하는 경우가 드물다. 대신, 그 기능을 여러 부서로 분리하거나 인사, 비즈니스 개발, 마케팅, 경영진 등 다양한 인력이 커뮤니케이션 관련 일을 수행한다. 스타트업은 역사가 짧은 신생 기업일 뿐만 아니라 새로운 비즈니스 영역을 개척하는 것이 일반적이기 때문에 '성공'에 대한 경험과 지식이 제한적일 수 있다. 사전 경험이나 사례의 부족은 정책에 대한 과도한 제약이나 비즈니스 경쟁 없이 운영할 수 있다는 장점도 되나, 기업이 비즈니스 환경에 직접 부딪히고, 시행착오도 겪으며, 자생적으로 교훈을 얻어야만 하는 단점으로도 작용한다.

이러한 환경적 특성은 스타트업 기업의 의사 결정 속도와 유연성, 역동성을 높이는 기회를 가져다주기도 한다. 따라서 스타트업 기업이 처한 환경이 가져오는 양날의 검을 잘 활용하는 것이 중요하다. 대부분의 스타트업 기업가는 자금 확보나 생산 라인 가동 등을 우선 과제로 삼다 보니 홍보나 PR 전략, 전략적 커뮤니케이션에 대한 포괄적인 이해가 부족하다. 그러나 오늘날 특히 젊은 기업가일수록 스타트업 아이덴티티와 브랜드 구축, 고객 확보, 기업 문화 육성, 이해관계자 관계 관리 등에서 커뮤니케이션의 중요성을 인식하는 추세다. 이미 많은 기존 연구에서 스타트업 홍보와 전략적 커뮤니케이션의 주요한 기능(예: 브랜드 확립, 조직 문화 · 이미지 · 평판 구축, 입소문 생성, 이해관계자 관리, 위기관리, 직원 커뮤니케이션, 미디어 관계 등)의 중요성을 강조했다(Wiesenberg et al., 2020). 스타트업은 기업이 직면한 여러 가지 상황과 이슈에 따라 어떤 커뮤니케이션 활동에 더 많은 시간과 예산, 인력을 투자할지 우선순위를 전략적으로 정해야 한다. 이를 위해서는 전략 커뮤니케이션이 무엇인지, 커뮤니케이션이 비즈니스 전반에 어떤 영향을 미칠 수 있는지에 대한 이해가 선행되어야만 한다.

스타트업의 전략적 커뮤니케이션

전략적 커뮤니케이션은 기업이 '의도적인' 커뮤니케이션 전략을 통해 조직의 효과성을 증진하는 활동으로(Hallahan et al., 2007), 종종 홍보 · 마케팅 · 광고 · 경영 커뮤니케이션과 같은 일련의 기업 커뮤니케이션 활동을 포함한다. 전략적 커뮤니케이션은 단순한 기술적인 역할을 뛰어넘어, 조직의 의사 결정에 참여를 강조하는 관리자적 책임과 관련된 커뮤니케이션 기능을 강조한다. 즉, 학계에서는 전략 커뮤니케이션을 목적이 분명하고 계획된 커뮤니케이션을 통해 조직의 사명과 목표를 달성하기 위한 행위로 정의 내리고 있다. 이를 위해서는 조직이 이해관계자와 협력하고, 상호 이익이 되는 관계를 만들고 유지하기 위해 노력해야 한다. 그래야만 기업의 제품, 서비스와 관련된 이해관계자들의 지식수준, 태도, 행동을 조직에 유리하고 긍정적인 방향으로 변화시킬 가능성이 높기 때문이다. 스타트업의 맥락에서는 이해관계자들이 무엇을 잘 알고 있는지 파악하는 것이 중요하며, 이들의 스타트업에 대한 태도와 행동이 스타트업의 기대 수익률(return on equity: ROE) 지수를 나타내는 기반이 될 수 있다. 평판, 관계, 신뢰도, 확신으로 구성된 ROE 지수는 궁극적으로 스타트업의 투자 수익률(return of investment: ROI)에 영향을 미친다.

모든 커뮤니케이션 철학, 사고방식, 원칙은 커뮤니케이션 프로그램이나 캠페인을 통해 구현되어야 한다. 미시적 관점에서, PR · 홍보 · 커뮤니케이션 전문가가 공통으로 많이 사용하는 ROPE(research, objectives, programming, evaluation) 모델을 스타트업 커뮤니케이션 프로그램에 적용하여 전략을 실행할 수 있다(Smith, 2020).

1단계: 리서치

리서치(research)는 전략적 커뮤니케이션의 첫 단계로, 기업 내외부 환경과 상황을 적절한 도구를 이용하여(예: SWOT 분석, 벤치마킹 등) 정확하게 분석하는 단계다. 잠재 고객에 대한 이해(예: 인구 통계, 심리, 행동 패턴, 미디어 소비 습관)뿐만 아니라 현재 기업이 처해 있는 커뮤니케이션 관련 문제나 이슈(예: 인지도, 브랜딩, 고객 참여 등)를 잘 파악하고 이해하는 것이 프로그램 수행 전 선행되어야 할 일이다. 문제는 일부 스타트업 리더들이 연구와 데이터의 가치를 인식하지 못하고 연구 단계를 건너뛰고 직접 의사 결정에 뛰어드는 경우가 많다는 것이다. 그러나 기업이 처한 상황, 대상 고객에 대한 객관적인 파악과 철저한 이해가 없다면 근시안적 의사 결정을 할 가능성이 높고, 실패에 대한 리스크를 감수해야만 한다.

2단계: 목표 설정

리서치 단계에서 수집한 데이터를 바탕으로 기업 커뮤니케이션의 문제점과 이슈를 파악하고 커뮤니케이션 대상

(예: 이해관계자)을 더욱 효과적으로 세분화할 수 있다. 이후 커뮤니케이션 프로그램에 대한 구체적인 목표(objectives)와 목적을 설정해야 한다. 이 목표들은 측정 가능하고, 시기적절하며, 사업 전체 목표와 관련성이 있고, 달성할 수 있어야 한다. 일반적인 커뮤니케이션 목표는 크게 세 가지 유형으로 나눌 수 있다. 즉, 정보와 지식 제공(예: 브랜드 인지도 제고), 동기 부여(예: 신념, 태도 변화), 행동 변화(예: 구매 의사 제고)다. 이러한 목표를 상황에 맞게 구체적이고 정확하게 나타내는 것이 바람직하다.

3단계: 기획과 실행

기획(programming) 및 실행 단계에서는 기업이 어떠한 메시지를 만들어 내고, 배포하고, 공유할 수 있는지를 고민한다. 구체적인 커뮤니케이션 프로그램 전략은 앞서 선정한 목표와 타깃 청중을 염두에 두고 개발되어야 하며, 온라인(예: 보도 자료, 광고, 방송 인터뷰, 소셜 미디어 등)이나 오프라인(예: 이벤트)을 포함한 여러 가지 커뮤니케이션 채널을 이용해 주요 메시지를 전달할 수 있는 적절한 미디어를 선택하는 노력 또한 포함한다.

4단계: 평가

평가(evaluation)가 없다면 개선 또한 이루어지지 않는다. 이 단계에서는 커뮤니케이션 목표가 어느 정도 달성되었는지를 평가할 뿐만 아니라, 어떤 점이 잘 실행되었는지 실행되지 않았는지, 어떤 메시지가 효과적이었는지 등을 평가하여 향후 커뮤니케이션 프로그램 기획이나 전략에 반영할 수 있게 해야 한다. 이런 평가는 커뮤니케이션 프로그램을 구현하기 전, 실행하는 동안, 그리고 실행한 후에도 지속적으로 수행되어야 한다.

요약하자면, 스타트업과 기업가적 맥락에서 전략적 의사소통은 학문적 · 실무적으로 매우 중요한 영역이다. 이 책은 기업가와 전략적 커뮤니케이션 전문가가 스타트업 기업들의 현황과 발전을 이해하고, 전략적 커뮤니케이션을 효과적으로 설계 · 실행하며, 이해관계자와의 관계를 구축하는 한편, 리더십 커뮤니케이션을 수행하고, 소셜 미디어의 힘을 활용할 수 있도록 포괄적인 가이드라인을 제공한다. 특히 한국의 독특한 경제적 · 문화적 맥락에서 스타트업에 종사하는 학자나 실무자, 리더, 기업가, 홍보 · 광고 · 마케팅 · 커뮤니케이션 · 경영학을 전공하는 학부생과 대학원생이 전략적 커뮤니케이션에서 중요한 통찰력을 얻을 수 있도록 실천적 사례를 제공한다.

참고문헌

Bresciani, S. & Eppler, M. J.(2010). Brand new ventures? Insights on start-ups' branding practices. *Journal of Product & Brand Management*, 19(5), 356~366.

Hallahan, K., Holtzhausen, D., Van Ruler, B., Verčič, D., & Sriramesh, K.(2007). Defining strategic communication. *International journal of strategic communication, 1*(1), 3~35.

Mueller, S., Volery, T., & Von Siemens, B.(2012). What do entrepreneurs actually do? An observational study of entrepreneurs' everyday behavior in the start-up and growth stages. *Entrepreneurship Theory and Practice, 36*(5), 995~1017.

Smith, R. D.(2020). *Strategic planning for public relations.* Routledge.

Wiesenberg, M., Godulla, A., Tengler, K., Noelle, I. M., Kloss, J., Klein, N., & Eeckhout, D.(2020). Key challenges in strategic start-up communication: A systematic literature review and an explorative study. *Journal of Communication Management, 24*(1), 49~64.

01

스타트업의 전략적 이해관계자

스타트업의 생존과 성장에 필수적인 주요 이해관계자들이 누구인지 파악하는 것이 전략적 커뮤니케이션의 첫 단계다. 내부 직원을 비롯해 기업을 둘러싼 고객, 투자자, 미디어, 정부는 어떤 성격을 띠고 있으며, 이들과 어떻게 효율적으로 커뮤니케이션해야 할까.

전략적 커뮤니케이션의 효과적인 실행을 위해서는 누가 조직의 주요 이해관계자인지, 그들이 어떤 특성을 가졌는지에 대한 이해가 선행되어야 한다. 주요 이해관계자나 공중과 긍정적인 관계를 구축(조직-공중 간 관계: organization-public relationship: OPR)하고 유지하는 것이 전략적 커뮤니케이션의 핵심이기 때문이다(Ferguson, 2018). 조직과 공중 간의 관계는 전략적 이해관계자들이 경제적 · 사회적 · 정치적 · 문화적인 환경과 상호 의존적이라는 가정에서 출발한다.

이해관계자란?

이해관계자(stakeholder)란 일반적으로 조직의 사명과 목표에 영향을 미칠 수 있는, 조직과 긴밀히 연결된 개인 혹은 그룹을 칭한다(Friedman & Miles, 2002). 이해관계자는 조직과의 상호 관계를 인지하고 있고, 주로 조직의 성공 여부에 관심이 있다. 이해관계자의 개념은 다른 비슷한 개념들과 구별된다. 먼저, '시장(market)'은 마케팅 개념으로, 조직과 이해관계자의 관계성이 구매, 투자, 파트너십과 같은 경제 활동에 한정되어 있고 재정적 수익과 직결되어 있다. 따라서 이해관계자의 하위 범주라 할 수 있다. 조금 더 넓은 의미에서, '청중(audience)'은 커뮤니케이션 메시지나 정보의 수용자라 할 수 있다. 조직에 대한 뉴스와 정보를 특정 매체 혹은 커뮤니케이션 채널을 통해 보고, 듣고, 소비한다. 따라서 청중은 조직과 공동의 이익과 가치를 공유하고 조직에 관한 정보를 적극적으로 소비하고 공유하는 이해관계자와는 구별되는 개념이다. 스타트업 기업의 생존, 지속적 발전과 성장에 필수적인 주요 이해관계자들은 직원, 소비자, 투자자, 미디어, 정부로 요약할 수 있다(Men et al., 2019).

직원

스타트업 기업에게 직원은 가장 중요한 이해관계자 그룹이라 볼 수 있다. 직원들의 능력과 기술은 스타트업 기업의 연구 개발(R&D), 제품 혁신, 기술 개발과 미래를 결정하는 핵심 경쟁 요소이기 때문이다. 특히나 창립 초기 기업 혁신과 R&D는 스타트업 기업이 치열한 시장 경쟁에서 생존하기 위한 초석이며, 직원들의 기술과 노력 없이는 이루어질 수 없다. 구글, 테슬라 같은 세계적인 기업이 회사 초기 단계에 함께했던 직원들의 공로와 헌신을 인정하는 로열티(loyalty) 프로그램을 운영하는 이유이기도 하다.

직원들은 또한 조직 문화에 가장 근본적인 영향을 미친다. 스타트업 초기 단계에서 조직 문화는 직원들과 함께 기업 가치를 공유하며, 기업의 목표를 달성하기 위해 직원들을 한데 모으는 역할을 한다. 조직 문화는 장기간에 걸쳐 형성되는데, 물론 초기 단계에서는 리더의 역할이 중요하지만, 직원들이 어떻게 기업의 가치를 수용하고, 내면화하여, 다른 동료들이나 새로운 직원들에게 전달하고 공유하는지에 따라 변화하고 개선되기도 한다. 또한 직원들은 스타트업 기업과 외부 이해관계자들(예: 소비자, 미디어 등)을 직간접적으로 연결하는 기업 홍보 대사(ambassador)의 역할도 한다. 따라서 스타트업 기업의 가장 큰 과제는 우수한 인재의 채용과 유지다. 이를 위해 스타트업 기업들은 적절한 성과 기반 보상과 복지 혜택을 제공한다. 그 밖에도 직원들과 좋은 관계를 유지하고, 팀워크를 향상하고, 직원들이 더 효율적으로 일하도록 동기를 부여하기 위해 커뮤니케이션에 상당한 시간과 노력을 들인다.

고객

다음으로 고객(소비자)은 스타트업의 매출, 수익, 생존에 직접적으로 기여하는 핵심 이해관계자라 할 수 있다. 대기업이나 중소기업과 마찬가지로, 스타트업의 고객 또한 기업의 재무 성과를 크게 좌우한다. 스타트업 단계에서 다양한 할인이나 혜택을 제공하는 것은 새로운 고객을 확보하고 고객의 충성도를 높이기 위한 좋은 전략이다. 이러한 관계성은 소비자 성장과 회사의 수익에 더욱 긍정적인 영향을 가져온다. 소비자들에게 기업의 제품이나 서비스에 관한 최상의 경험을 제공하는 한편, 고객들의 평가가 객관적으로 신뢰할 수 있는 정보로 활용되도록 보장하고 이를 유지하는 것이 관계 유지의 핵심이다.

직원과 마찬가지로 고객 또한 기업의 '중개자' 역할을 한다. 스타트업 환경에서는 특히나 입소문(word-of-mouth: WOM)과 제삼자에 의한 추천 등이 상업 광고보다 더 소비자들에게 믿을 수 있는 채널로 인식되는 만큼, 기존 고객들의 추천과 개인적 홍보가 매우 중요한 역할을 한다. 고객은 주변 사람들에게 스타트업 기업의 긍정적인 면에 관해 이야기하고, 제품과 서비스를 추천하고, 재구매할 의사가 있으며, 기업을 옹호하는 등 회사의 자발적 홍보 대사 역할을 한다. 이렇게 새로운 고객 확보와 브랜드 평판 형성에 큰 영향을 미친다. 오늘날 디지털화된 사회에서는 소비자가 기업과 기업에 관련된 경험을 다양한 디지털 채널(예: 소셜 미디어, 인터넷 게시판 등)을 이용하여 공유하는 것이 매우 일반적이다. 특히나 소셜 미디어를 기업과의 주요 커뮤니케이션 채널로 이용하는 MZ 세대들에게는 더더욱 그러하다. 이런 온라인 구전(electronic word-of-mouth: eWOM)은 스타트업 기업의 이미지에 긍정적 혹은 부정적 영향을 미칠 수 있는 양날의 검이 될 수 있다. 사용자들이 기업의 제품과 서비스에 관련한 긍정적인 콘텐츠를 공유할 때는 온라인상에서의 오피니언 리더(opinion leader) 혹은 인플루언서(influencer)의 역할을 한다. 그러나 부정적인 리뷰는 사업 초기 단계에 기업 평판에 치명적일 수 있다.

투자자

투자자는 스타트업 기업에게 재정적 지원뿐만 아니라 기업의 생존에 필요한 다양한 자원을 제공한다. 예를 들어, 주요 고객들과 관계를 유지하고 새로운 비즈니스 기회를 창출할 우수한 인재를 채용하는 데 도움을 주기도 하고, 투자 경험이 풍부한 투자자라면 자신의 사업 성공이나 실패를 바탕으로 회사의 비전에 도움이 되는 통찰력 있는 경험과 지식을 공유하기도 한다. 투자자는 일반적으로 업계 내에서 광범위한 네트워크와 인맥을 형성하고 있기 때문에 스타트업 기업에게 잠재 고객, 파트너, 공급업체 등을 연결해 주는 역할을 한다. 이런 초기 네트워크는 향후 자금 조달 기회의 가능성 또한 열어 준다. 또한 업계에서 평판이 좋은 투자자에게 투자를 받고 있다는 사실만으로도 스타트업 기업은 신뢰도와 명성을 확보할 수 있다. 기업의 안정성과 장기적인 생존 가능성도 더 올라가기 때문에, 향후 투자 유치나 인재 채용에도 큰 도움이 된다. 따라서 투자자들에게 지속적으로 최신 정보를 제공하고, 공식적(예: 월별, 분기별, 연간 회의, 마일스톤 보고 등), 비공식적 채널을 통해 긴밀한 관계를 유지하는 것이 스타트업 성공의 핵심 열쇠다.

미디어

오늘날 스타트업 기업은 전통적인 미디어 채널(예: 신문, TV, 라디오, 잡지)보다는 디지털 미디어 채널을 통한 커뮤니케이션을 더 선호한다. 대다수의 스타트업 기업이 인스타그램, 페이스북, 트위터(현 'X') 같은 소셜 미디어(SNS) 계정을 가지고 있다. 소셜 미디어는 기업의 정보나 이벤트 공유 · 전달, 제품이나 서비스 홍보, 고객 유치 · 관리, 고객 피드백 수용 등의 목적으로 사용된다. 스타트업 기업은 대개 소셜 미디어나 앱의 다양한 기능(예: 메시지 스타일, 이모티콘 사용, 사진이나 동영상 편집 등)을 효과적으로 이용한다. 효율적인 시간 관리, 비용 절감, 브랜딩 목표를 보다 빠르고 효과적으로 달성하게 해 주는 장점 때문에 점점 더 많은 기업이 소셜 미디어를 광범위하게 사용하는 추세다. 소셜 미디어는 소비자들에게 브랜드 인식을 제고하고 기업의 가시성을 높이는 데 좋은 수단이 되지만, 빠르게 변화하는 소셜 미디어 환경에 제대로 대처하지 못하거나 과도하게 노출됨으로써 생길 수 있는 위험 등은 고려해 봐야 할 부분이다.

정부

정부는 스타트업이 사업을 시작할 수 있는 자금을 지원할 뿐만 아니라 기업이 성장할 수 있는 생태계를 조성하기 위해 창업 공간, 네트워킹이나 멘토링 기회 같은 다양한 인프라를 제공한다. 스타트업 기업이 어떠한 산업에 속해 있는지, 어떤 제품군을 취급하는지에 따라 정부와의 관계는 다르게 정의될 수 있다. 일반적으로 IT 계열의 스타트업은 새로운 혁신, 벤처에 대한 지방 정부의 지원 정책과 프로그램(예: 세금 감면, 무료 사무실 지원, 창업 자금 등)을 활용하는 수준에 머무르기 때문에 정부와 긴밀한 관계가 필요하지 않을 수도 있다. 반면, 공중 · 보건 · 교육 · 교통 · 농업 분야 스타트업은 정부와의 관계를 다른 이해관계자들과의 관계보다 더 우선순위로 고려할 필요가 있다. 이런 스타트업에 대한 정부의 규제가 엄격할뿐더러,

창업을 위한 라이선스나 인증 과정 등을 거쳐야 하는 경우가 많기 때문이다. 정부와의 긴밀한 커뮤니케이션으로 기존 규제를 완화하거나 개선할 수 있다. 제품의 독창성으로 인한 특허나 표준화 관련 문제, 자격이나 데이터 보안 문제 등과 같은 이슈를 해결해야 하는 경우에도 정부의 도움을 받게 된다. 뿐만 아니라 정부에 의해 인증되는 자격증명의 경우 신뢰도를 확보하여 경쟁사에 비해 상당한 우위를 확보하고, 민간 투자자들의 관심을 끌 수도 있다.

참고문헌

Ferguson, M. A.(2018). Building theory in public relations: Interorganizational relationships as a public relations paradigm. *Journal of Public Relations Research, 30*(4), 164~178.

Friedman, A. L. & Miles, S.(2002). Developing stakeholder theory. *Journal of Management Studies, 39*(1), 1~21.

Men, L. R., Ji, Y. G., & Chen, Z. F.(2019). *Strategic communication for startups and entrepreneurs in China.* Routledge.

02

스타트업 PR과 전략 커뮤니케이션의 기능

스타트업 기업의 홍보나 PR 기능은 기업 목표, 관계 관리, 리더십 측면에서 일반 기업들과 성격이 다르다. 전략적 커뮤니케이션의 기능으로서 스타트업 고유의 브랜딩, 마케팅 커뮤니케이션, 이슈 및 위기관리, 기업 정체성, 명성, 이미지 확립 등은 어떤 방식으로 구현될까.

일반 기업에 비해 기업 구조, 정체성, 명성 등이 아직 확립되지 않은 스타트업 기업의 특수성을 고려한 홍보와 전략적 의사소통 노력이 필요하다. 효과적인 홍보와 PR 전략을 수립하기 위해서는 PR 활동에 대한 이해가 선행되어야 한다. 홍보(PR) 활동은 단순한 프로모션이나 미디어 전략을 넘어서, 다양한 조직 내외부 이해관계자들과의 관계(relationship) 수립 · 유지 기능을 의미한다.

PR이란?

PR(public relations) 활동이란 전략 커뮤니케이션의 핵심 요소이며, 조직과 이를 둘러싼 다양한 공중을 이해하고, 상호 이익이 되는 관계를 수립하고 유지하는 일련의 커뮤니케이션 행위다(Grunig & Hunt, 1984). 다시 말해 조직과 이해관계자들의 상호 의존성을 기반으로, 커뮤니케이션을 통한 조직-공중 간 관계(organization-public relationship: OPR)를 전략적으로 관리한다는 의미다. PR과 관계 관리를 기반으로 하는 전략 커뮤니케이션(strategic communication)은 조직 전반의 효과성에 필수적인 요소다. 재무적 이익뿐만 아니라 위기관리, 조직 명성, 브랜드 충성도 같은 비재무적 이익 또한 가져다주기 때문이다. 효과적인 PR 활동은 다양한 이해관계자의 관심을 이해하는 데 도움을 준다. 또한 이들의 이익을 조율하여 조직 행동과 결정에 반영함으로써 조직이 지속적으로 발전하게 해 준다.

스타트업에서 PR의 기능

일반적으로 PR의 역할은 기업 커뮤니케이션, 미디어 관계, 투자자 관계, 이슈 및 위기관리, 직원 관리, 지역 사회 공헌과 자선 활동, 마케팅 커뮤니케이션, 정부 관계, 공공정책 같은 다양한 기능을 포괄한다. 이러한 기능은 조직의 유형에 따라 더욱 다양한데, 스타트업의 독특한 특징을 고려해 볼 때 PR의 역할은 다소 차이가 있을 수 있다. 대형 기업과는 달리 스타트업은 기업 정체성이나 명성, 내부 구조 등이 아직 명확하지 않은 단계이기 때문에 제한된 인력과 재정, 시장에 대한 지식 부재 등과 같은 요소가 전략적인 커뮤니케이션 활동에 걸림돌로 작용할 수 있다. 일반적으로 스타트업 PR 및 전략 커뮤니케이션은 일반 기업의 커뮤니케이션 활동과 다음과 같은 차이가 있다.

기업 목표: 생존 vs 유지

스타트업 기업에게 PR 활동은 주로 조직의 생존과 기업 목표, 비전과 깊은 관련이 있다. 사업 초기 치열한 경쟁과 불확실한 미래 환경에서 기업을 운영하다 보니 시장에서 어떻게 하면 돋보일 수 있을지, 가시성을 높일 수 있을지에 활동의 초점이 맞춰져 있다. 반면 대기업의 PR 활동은 기업의 브랜드 이미지를 유지하고 향상하는 데 중점을 둔다. 기업의 장기적인 목표를 달성하기 위한 평판 관리, 브랜드 구축, 기존 이해관계자들과의 지속적인 관계 강화를 목표로 하는 경향이 있다.

관계 관리: 혁신 vs 경제

스타트업 기업은 광고나 이벤트 진행에 투자할 예산이 상대적으로 적기 때문에, 경제적이고 효율적인 커뮤니케이션 활동을 채택할 수밖에 없다. 창의적인 메시지를 개발하고 전달하거나, 소비자들의 구전(WOM) 커뮤니케이션을 활용하거나, 유명 기업이나 브랜드와 협력하여 이미지를 강화하고 긍정적인 피드백을 얻으려는 활동이 주가 된다. 반면 대기업의 PR은 전통 미디어와 디지털 미디어 커뮤니케이션이 혼합된 형태의 활동이 주를 이룬다. 가능한 예산과 자원을 활용한 대규모 광고, 캠페인, 이벤트 등 보다 포괄적이고 통합적인 마케팅이 가능하다.

리더십: 직접 참여 vs 감독

스타트업 PR은 홍보나 커뮤니케이션 업무를 담당하는 인력이 제한적이기 때문에 기업 창립자나 최고 리더(예: CEO)가 회사의 이미지를 형성하고 공중과의 관계 관리에 직접 참여하는 것이 필수적이다. 즉, PR 활동이 일상적인 비즈니스 운영에 포함된 형태로 진행되는 반면, 대기업은 전문 지식을 갖춘 전문가 그룹 단위로 이루어진 PR이나 커뮤니케이션, 마케팅 팀 등에서 커뮤니케이션 활동이 주로 이루어진다. 최고 리더는 커뮤니케이션 활동을 감독하고 전략 실행에 중점을 두는 간접적 역할을 담당한다.

스타트업의 고유한 홍보 기능

일반 기업이나 대기업과 비교해 스타트업의 고유한 홍보, PR 기능은 아래와 같이 요약할 수 있다.

브랜딩 및 마케팅 커뮤니케이션

브랜딩(branding)은 스타트업 PR에서 핵심 기능 중 하나인데, 특히 사업 초기 단계에서 회사의 브랜드를 구축하고 이해관계자들에게 기업이 어떻게 인식될 것인지에 대한 전략을 확립하는 활동을 포함한다. 스타트업 기업의 이해관계자들은 기업의 브랜드나 제품에 대한 지식이 부족하기 때문에, 지속적인 노출을 통해 장기적으로 제품이나 서비스의 가치와 안정성을 이해시키고, 신뢰할 수 있는 브랜드를 구축하기 위해 부단히 노력해야 한다. 스타트업 초기 브랜딩 단계에서 미디어를 통한 홍보는 비즈니스 생존과 직접적인 관련이 없다. 게다가 유료 미디어에 투자할 자본 또한 부족하므로, 창의적이고 혁신적이며 경제적인 브랜딩이나 마케팅 커뮤니케이션 전략에 초점을 맞춰야 한다. 예를 들어, 많은 기업이 온라인 매체를 활용한 댓글 달기, 공유하기 등을 통해 소비자들의 긍정적인 구전 효과(WOM)나 자발적인 공개적 지지(endorsement)를 끌어내는 전략을 사용한다.

기업 정체성, 명성, 이미지 구축하기

기업 명성 · 평판 관리 또한 중요한 PR 기능 중 하나다. 스타트업 기업에게는 신뢰할 만한 정체성을 확립함으로써 기업 평판을 구축하고 강화하는 전략이 필요하다. 기업 평판은 제품이나 서비스의 품질, 회사의 비전과 리더십, 기업 재무 성과, 직장 환경이나 사회적 책임, 감정적 요인 등 다양한 차원으로 구성된다(Fombrun et al., 2000). 이 같은 평판은 기업의 내외부 PR 노력으로 이루어진다. 내부적으로는 직원들에게 기업의 비전을 정확하게 제시하고 책임감을 느끼는 문화를 조성하는 것이 필요하다. 외부적으로는 기업의 신뢰도를 높여 고객이 긍정적인 시선으로 회사의 이미지와 행보를 온전히 이해할 수 있게 해야 한다.

이슈와 위기관리

스타트업 기업은 대기업처럼 대규모의 기업 위기를 겪을 확률은 낮으나, 대비하지 않은 위기에는 취약할 수 있다. 예를 들어, 사업 초기 기업이나 제품, 서비스에 관한 부정적인 미디어 보도나 소비자 반응(예: 댓글)은 기업 생존에 치명적일 수 있다. 따라서 환경 스캐닝(environmental scanning)을 기반으로 하는 이슈 관리는 스타트업 PR의 필수 기능이라 하겠다. 스타트업 기업은 제품, 서비스, 시장, 산업 환경에 따라 겪는 이슈가 매우 다양하다. 예를 들어, 클라우드 서비스 제공 스타트업은 현재 일어나고 있는 사이버 보안 문제 등에 촉각을 곤두세워야 한다. 소셜 미디어 데이팅 앱 스타트업이라면 프라이버시 문제나 사기, 사칭 관련 이슈가 잠재적 위기가 될 수 있다. 식품 서비스 제공 스타트업은 식품 안전성 이슈를 우선순위에 두어야 한다.

이슈 관리는 조직이 위기를 예측하고, 리스크를 최소화

하며, 잠재적 위기 상황을 피할 수 있게 도와준다. 이러한 기능은 이슈 판단, 분석, 전략 수립, 액션 플랜 개발, 결과 평가 등과 같이 체계적인 접근으로 이루어져야 한다(Wilcox et al., 2015). 또한 타 부서와 협업하여 누구나 쉽게 이해할 만한 계획을 개발, 공유함으로써 제한된 인적·재정적 한계를 극복해야 한다.

스타트업 기업의 성공적인 PR과 전략 커뮤니케이션 활동을 위해서는 다음과 같은 내용을 염두에 둘 필요가 있다. 첫째, 기업의 전략적 경영과 비즈니스 운영에 공중 관계 경영(relationship management) 전략을 포함한다. 둘째, 기업가나 최고 리더를 커뮤니케이션과 관계 경영 활동에 참여시킨다. 셋째, PR이나 커뮤니케이션 활동을 단순한 기술적 활동(예: 뉴스 기사 작성)이 아닌 전략 수립, 실행 등을 기초로 하는 체계적이고 통합된 접근으로 운영한다. 넷째, 공중 관계를 스타트업 기업의 비전, 목표, 가치, 기업 문화 정착에 통합시킨다. 다섯째, 이해관계자들과의 장기적인 관계를 육성하기 위해 커뮤니케이션 각 기능에 대한 명확한 역할과 책임을 설정한다.

참고문헌

Fombrun, C. J., Gardberg, N. A., & Sever, J. M.(2000). The

Reputation Quotient SM: A multi-stakeholder measure of corporate reputation. *Journal of Brand Management, 7*, 241~255.

Grunig, J. E. & Hunt, T.(1984). *Managing public relations*. Fort Worth, TX: Holt, Rinehart and Winston.

Wilcox, D. L., Cameron, G. T., & Reber, B. H.(2015). *Public relations: Strategies and tactics*. Pearson.

03

스타트업 공중 관계 경영

이해관계자들과 질 좋은 관계를 맺고 발전시켜 유지하는 '관계 경영'은 스타트업 전략 커뮤니케이션이나 PR 활동의 궁극적인 목표다. 스타트업의 조직, 리더십 차원에서 관계 개발 전략은 조직과 이해관계자 간의 쌍방향 상호 작용과 이해를 기초로 정보 제공, 경청, 자율성이 보장되어야 한다.

스타트업에서 관계 경영의 중요성

조직과 공중 간 신뢰도, 만족도, 헌신도, 상호 통제성을 가리키는 조직 · 공중 간 관계성의 '질(quality)'은 PR과 전략 커뮤니케이션 활동의 가치, 효과성을 평가하는 가장 중요한 측정 도구로 알려져 있다. 긍정적인 조직-관계성의 질은 기업이 시장 내에서 지속적으로 경쟁 우위를 차지하게 하고, 조직의 목표를 효과적으로 달성하게 하는 중요한 전략 자원의 역할을 한다. 이런 관계는 기업의 수익과 ROI(return on investment)를 증진할 뿐만 아니라 브랜드 이미지 향상, 고객 충성도, 사회적 책임 이행과 같은 비재무적 부분에도 긍정적인 영향을 미친다.

예를 들어, 좋은 투자자와의 관계는 기업을 운용할 자금을 끌어올 수 있게 하고, 소비자와의 긍정적 관계는 기업의 수익에 직접적으로 영향을 끼친다. 정부와의 좋은 관계는 세금 감면 혜택, 시설 이용, 스타트업 펀딩 운용 같은 장점을 가져올 수 있고, 직원들과의 좋은 관계는 충성도, 헌신도, 직원 몰입(employee engagement: 업무나 조직에 대한 직원의 헌신, 몰두, 활력 등) 등의 장점이 있다. 미디어와의 긍정적인 관계는 기업 브랜드의 가시성을 확보함으로써 브랜드 신뢰도를 향상하는 주요한 수단이 될 수 있다. 따라서 이러한 관계를 어떻게 향상시키고 개발할 수 있느냐에 관한 질문은 PR 분야에서 오랫동안 중요한 관심사로 자리 잡았다. PR 학계에서 지난 20년간 조직-공중 관계성을 향상하는 관계 개발 전략(relationship cultivation strategies)에 대한 수많은 연구가 이루어졌는데(Ki & Hon, 2008), 이는 아래와 같이 요약할 수 있다.

개방성과 접근성

먼저 개방성(openness) · 접근성(access) 전략은 열린 대화(dialogue)를 통해 공중이 조직에 접근할 수 있게 하여 조직과 공중 간 '직접' 소통을 목표로 한다. 이 전략은 직원과의 관계 관리에 주로 이용되는데, 투명한 기업 문화와 수평적 조직 구조에 필수적 요소다. 예를 들어 실리콘 밸리의 많은 스타트업 CEO를 비롯한 리더들은 별도의 사무실을 갖는 대신 직원들과 개방적인 작업 공간을 공유한다. 직원들과의 직접적이고 평등한 소통을 추구하고, 어떠한 질문이든 자유롭게 하는 환경을 조성하려고 노력하는 것이다.

경청하기

효과적인 양방향 커뮤니케이션을 위해서는 조직이 이해관계자들의 의견을 '경청(listening)'해야 한다. 경청이란 상대방의 의견에 주의를 기울이는(attention) 것뿐 아니라, 그러한 의견에 적시에 반응(respond)하고, 피드백을 제공하는 노력을 모두 포함한다. 이러한 경청은 내부 관계 관리, 즉 직원들의 목소리를 조직 결정에 반영할 때 주로 사용되나 고객과의 관계 형성에도 매우 중요한 요소다. 특히 소비자 의견에 귀 기울이는 행위는 소비자들이 실제로 필요로 하는 제품이나 서비스를 개발하는 데에도 도움을 준다. 요즘 스타트업은 소셜 미디어 기반의 커뮤니케이션 모니터링으로 경청을 시행하고 있다. 어떤 콘텐츠가 공유되는지, 조회 수는 어떠한지, 사용자들로부터 어떠한 댓글들이 달리는지, 어떤 유형의 콘텐츠가 소비자들의 참여나 몰입(engagement)을 유발했는지 등을 살피는 것이다. 이러한 경청 활동은 소비자들의 관심과 선호도를 파악하는 데 도움이 될 뿐만 아니라 제품과 서비스의 어떤 측면을 강화하고 약점을 보완해야 하는지도 이해할 수 있게 한다. 예를 들어, 유아 의류 관련 스타트업 기업의 경우, 블로그 등에서 임신한 여성들을 팔로우(follow)하고, 임신이나 육아 관련 웹사이트나 커뮤니티의 게시물을 매일 읽고 모니터링하는 등의 노력을 해야 한다. 그러면 주요 소비자들(예: 임신한 혹은 예정인 여성)이 어떤 생각을 하고 있는지, 어떤 트렌드에 민감한지 등 유용한 정보를 얻을 수 있다. 즉, 경청이란 기업의 제품과 서비스를 소비자들이 선호하도록 강요하거나 설득하려는 것이 아니라, 소비자들이 기업들과 함께한 경험을 공유하고 소중하게 여기는 것을 목표로 한다.

비전 제시

조직의 비전(vision), 가치, 목표를 전달하는 일은 내부 직원들을 통합하고 동기 부여시킬 수 있을 뿐만 아니라, 기업 외부 이해관계자들에게 더 높은 차원의 기업 목표를 제공하는 중요한 기회가 된다(Men et al., 2021). 특히나 스타트업 기업이 비전을 전달할 때는 단순한 수익 향상을 목적으로 하기보다는 사회에 어떠한 가치를 창출하고 있는지를 강조해야 한다. 기업 내외부 이해관계자들에게 우리가 하는 일이 수익 창출뿐만 아니라 사회적으로 얼마나 의미가 있고 가치가 있는 일인지를 설득하는 것이 목표가 되어야 한다. 예를 들어, 사진을 공유하는 소셜 네트워크 스타트업이 "모든 사람이 자신의 재능과 기쁨을 공유할 수 있는 플랫폼을 제공할 수 있게 한다"는 비전을 갖고 있다고 해 보자. 이 기업은 내부적으로는 자기 개발과 개인적 가치를 실현할 기회를 제공하고, 외부적으로는 사회적 책임을 수행하는 기업의 이미지를 확립함으로써 이해관계자들의 신뢰와 만족도에 기여할 수 있다.

진정성

지난 수년간 학계에서 진정성(authenticity)은 전략적 이해관계자들과의 지속적인 관계를 구축하기 위한 혁신적인 커뮤니케이션 모델로 제안되었다(Molleda, 2010). 진정성 있는 커뮤니케이션은 조직이 대외적으로 내보이는 정체성(예: 슬로건, 비전, 목표, 가치 등)과 행동이 일치하고, 행보가 일관되며, 솔직하고 진심이 담긴 언어를 사용하는 것을 뜻한다. 진정성은 장기적으로 이해관계자들의 신뢰도와 충성도를 높이고 기업의 지속 가능한 성장을 도우며, 투명한 경영으로 새로운 고객과 인재를 확보하여 질 높은 관계를 형성할 수 있게 해 준다. 때문에 해외 유명 스타트업 CEO들은 행동에 객관성, 일관성, 진정성을 유지하는 것의 중요성을 강조한다.

권한 부여

끊임없는 대화, 협업을 통해 이해관계자에게 의사 결정에 대한 권한을 부여(empowerment)하는 것은 관계 형성을 위한 또 다른 효과적인 전략이다. 특히나 내부 이해관계자인 직원들은 업무와 조직에 대한 권한이 있다고 인식할 때, 일반적으로 회사에 높은 신뢰도, 만족도, 헌신도를 보이는 경향이 있다. 많은 전략 커뮤니케이션 연구에 따르면, 조직의 의사 결정에 참여할 기회와 권한이 있다고 판단한 직원들이 스타트업 기업에 합류하는 경향이 있다고 한다(Bresciani & Eppler, 2010). 이러한 권한 부여와 직원 참여는 직원들이 충분히 목소리를 낼 수 있는 상향식(bottom-up) 의사 결정 구조를 확보하여 자율성을 부여할 때 이루어진다. 고객들 또한 자신들의 의견과 피드백이 스타트업 기업의 의사 결정에 반영된다는 것을 인식할 때, 더욱 기업을 신뢰하고, 지속적인 관계를 유지하는 것으로 밝혀졌다.

적극적인 정보 제공

조직이 이해관계자들에게 끊임없이 기업과 산업 등에 대한 정보를 제공(proactive reporting)하는 것은 관계를 유지하는 바람직한 전략 중 하나다. 스타트업 기업에게는 특히 투자자와의 관계에서 이 전략이 중요한데, 투자자들에게 지속적으로 최신 정보를 제공하여 기업의 투명성을 확보함으로써 신뢰도를 제고하고 향후 투자 유치 또한 이끌어 낼 수 있다. 소비자들에게도 기업의 제품이나 서비스뿐만 아니라 기업의 행보, 미래 비전과 전략, 산업 트렌드 등에 대한 정보를 적극적으로 제공함으로써 기업의 호감도를 높일 수 있다.

긍정성

긍정적이고 활기찬 브랜드 이미지를 창출하는 것 또한 관계 개발에서 중요하다. 긍정성(positivity)이란 기업과의 의사소통을 유쾌하고, 만족스러우며, 재미있게 유지하는 것을 뜻한다. 장기적으로는 기업 내외 이해관계자들에게 기쁨과 행복, 건강(well-being)을 가져다주는 것을 목표로 한다. 기업과의 소통이 '즐겁고' 재미있는 것으로 인식되려면, 다른 조직이나 공중에 대한 비판을 자제하고, 예의 있고 즐거운 태도로 행동하는 것이 중요하다. 예를 들어, 기업 내에서는 활기차고 긍정적인 환경을 조성하기 위해 서로 격려하는 분위기를 조성하고, 긍정적인 언어를 사용하는 등의 전략을 실행할 수 있다. 소비자와의 온라인 커뮤니케이션에서도 재미있는 콘텐츠를 공유하거나 이모티콘 등을 사용하는 등의 노력은 기업과의 경험을 긍정적으로 해석하게 하는 데 도움이 된다.

개인적 관계

집단 공동체적 사회인 우리나라에서는 여전히 사람 간 관계에서 상호주의, 연결, 교환 등을 중요시한다. 정부 관리자나 투자자, 고객과의 관계에서 특히 중요한 '개인적 관계(personal relationship)' 전략은, 친밀도를 높여 기업과의 관계를 긍정적으로 만들어 내는 것을 의미한다. 개인적 관계를 발전시키고 네트워크를 늘리기 위해 종종 스타트업 CEO들은 업계나 정부 이벤트 활동에 참석하여 인맥을 넓히기도 한다. 이렇게 형성된 개인적 관계는 기업과 이해관계자들의 상생 관계, 즉 윈윈(win-win)을 가져오는 관계로 발전할 수 있는 초석이 된다.

참고문헌

Bresciani, S. & Eppler, M. J.(2010). Brand new ventures? Insights on start-ups' branding practices. *Journal of Product & Brand Management, 19*(5), 356~366.

Ki, E. J. & Hon, L. C.(2008). A measure of relationship cultivation strategies. *Journal of Public Relations Research, 21*(1), 1~24.

Men, L. R., Qin, Y. S., & Mitson, R.(2021). Engaging startup employees via charismatic leadership communication: The importance of communicating "vision, passion, and care". *International Journal of Business Communication*, 23294884211020488.

Molleda, J. C.(2010). Authenticity and the construct's dimensions in public relations and communication research. *Journal of Communication Management, 14*(3), 223~236.

04

스타트업 리더십 커뮤니케이션

스타트업의 리더는 기업을 대표하는 얼굴로서, 명확한 비전을 통해 브랜드를 만들어 내고 기업 문화를 구축하며 직원들의 사기를 증진하는 역할을 한다. 어떤 커뮤니케이션 전략으로 조직 내외 이해관계자들을 한데 통합하여 치열한 경쟁 환경에서 생존할 수 있을까가 스타트업 리더들의 과제다.

스타트업의 설립자들은 기업의 비전을 제시하고, 목표를 설정하며, 새로운 비즈니스 기회를 탐색하고 개발한다. 또한 투자자를 유치하고 인재를 채용하여 직원들이 새로운 아이디어와 창의적인 업무 실행을 하게끔 유도하는 역할을 한다. 이러한 리더십은 스타트업 기업을 성장시키고, 지속 가능하게 하며, 경쟁 우위를 확보하게 하는 데 필수 요소다. 저명한 조직 커뮤니케이션 학자들이 "리더십은 말이나 행동으로 표현할 때 발휘된다"(Fairhurst & Connaughton, 2014)고 한 것처럼, 리더십은 전략적인 커뮤니케이션 행동 없이는 구현하기 어렵다. 특히 스타트업의 장기적인 생존과 성공을 위한 열쇠는 기업가적 리더십(entrepreneurial leadership)에 달려 있다고 해도 과언이 아니다.

기업가적 리더십이란 명확하고 구체적이며 혁신적인 비전을 제시함으로써 그 비전 실현에 함께할 구성원들의 혁신과 도전 정신을 장려하여 기업의 전략적인 가치 창출을 도모하는 리더십이라고 정의할 수 있다(Gupta et al., 2004). 기업가적 리더십 커뮤니케이션의 목표는 첫째, 기업의 비전을 명확히 전달하는 것, 둘째 기업 문화와 가치를 구축하는 것, 셋째 브랜드를 구축하는 것, 넷째 인재를 채용 · 관리하는 것으로 요약된다.

비전 커뮤니케이션

비전 커뮤니케이션은 스타트업 브랜드 구축의 아주 중요한 구성 요소다. 비즈니스 전략의 주요 부분인 기업 비전은 일반적으로 기업이 미래에 달성할 이상적인 목표를 의미하며, 기업 정체성이 아직 구축되지 않은 사업 초기 단계에서 특히 그 역할이 중요하다. 스타트업에서 비전은 회사가 앞으로 나아가야 할 방향을 가리키는 나침반 역할을 하고, 기업의 현재 상황과 미래 목표를 연결 짓는 중요한 고리이며, 직원들이 공유하는 가치를 나타낸다. 또한 사회적 · 문화적 · 경제적 맥락에서 기업의 위치와 미래, 전망을 전달하기도 한다. '좋은' 비전이란 대개 미래 지향적이고, 낙관적이고, 도전적이고, 명확하고 간결하며, 실행 가능하다. 성공적인 비전은 또한 유능한 직원들을 유치하고, 통합하고, 동기 부여하며, 팀을 동일한 목표를 향해 나아가게 한다. 비전을 통해 직원들은 자신의 업무에서 의미를 발견하고, 자기 일이 개인과 조직 그리고 사회에 가치를 전달하는 의미 있는 일임을 알 수 있다. 따라서 리더는 이러한 비전을 설정하고, 명확하게, 반복적으로, 그리고 확신에 찬 목소리로 전달해야 한다. 그럴 때 직원들은 기업을 신뢰하며, 오랫동안 일하기를 희망한다. 또한 비전이 경제적 이익뿐만 아니라 사회적 가치를 창출하고 있다는 것을 보여 줄 때 투자자나 고객도 신뢰할 수 있다.

기업 문화 구축

조직의 신념 체계를 나타내는 기업 '문화'를 만들어 내고 유지하는 것은 스타트업 창업가 리더가 갖추어야 할 핵심 역량이다. 리더의 커뮤니케이션 능력은 기업의 핵심 이념, 원칙, 가치를 창출할 비즈니스의 정체성과 기업 문화의 기초를 형성하는 역할을 한다. 기업 문화는 기업 브랜드와 이미지의 일부가 될 수도 있으므로, 기업과 비슷한 가치를 공유하는 유능한 인재를 유치하는 일이 첫 번째다. 또한 리더들의 커뮤니케이션 행동은 직원들이 회사 내에서 일하는 방식을 결정짓는다. 무엇보다 리더가 말보다 행동과 실천으로 롤 모델의 역할을 수행할 때 그 효과는 더욱 즉각적일 수 있다. 직원들은 리더의 행동을 쉽게 관찰하고, 모방하며, 영향을 받기 때문이다.

브랜드 관리

브랜드 관리 역시 스타트업 리더의 중요한 역할 중 하나인데, 초기 단계에서는 경쟁 업체, 고객이나 회사에서 이용할 수 있는 자원을 조사하고, 기업만의 브랜드를 어떻게 확립할지 결정한다. 이후 개발 단계에서는 브랜드 스토리텔링에 참여하고 브랜드와 관련된 독특한 특성, 혜택, 가치, 성격, 관계를 명확히 하고 소비자에게 브랜드의 이점과 문화가 어떻게 지역 사회에 영향을 미칠 수 있는지를 잘 전달하려는 노력이 포함된다. 스타트업은 초기 단계에서는 홍보 부서가 부재하기 때문에 창업자나 CEO 같은 스타트업 리더가 비공식 기업 홍보 대행사 역할을 한다. 블로그를 작성하는 것, 소셜 미디어를 통해 회사를 대표하여 게시물을 올리는 것, 행사에서 연설하는 것, 프로그램에 출연하는 것 등과 같은 활동이 그 예다.

인재 영입과 관리

"사람이 답이다"라는 말처럼 스타트업 기업에게 능력 있는 인재를 확보하고 성장시키는 것은 기업의 사활이 걸린 문제다. 스타트업은 HR에 투자할 교육 프로그램이나 인사 시스템을 확립할 자원이 부족하기 때문에 리더가 직접 채용을 맡는 경우가 많은데, 주로 네트워킹 이벤트 등을 활용하여 인재를 유치한다.

리더는 능력 있는 직원들이 적절한 위치에서 능력을 100% 발휘하고 있는지 꾸준히 살펴봐야 하고, 팀워크 향상을 위해 끊임없이 커뮤니케이션해야 하며, 팀의 성과에 부정적인 인재를 내보내야 하는 어려운 결정도 마다하지 않아야 한다. 리더는 고객, 투자자, 언론, 직원으로부터 비전은 무엇인지, 신뢰할 수 있는지, 약속을 제대로 이행할 수 있는지 끊임없이 심판대에 오른다. 따라서 근본적으로 이해관계자들로부터 브랜드의 신뢰도를 구축하는 것은 리더십 커뮤니케이션의 주요 목표다. 많은 스타트업 CEO가 개인 이미지를 확립하여 회사 전체의 브랜딩 목표와 연관시키고, 신뢰도를 높이려 하는 이유다. 그렇다면, 어떤 리더십 커뮤니케이션 전략이 효율적일까? 최근 10년간의 PR 및 전략 커뮤니케이션 관련 연구 결과를 통합하여 다음과 같은 전략을 제시한다.

투명한 커뮤니케이션

학자들은 지속적으로 투명한 커뮤니케이션이 신뢰, 직원-조직 관계, 조직에 대한 동일시, 그리고 직원 참여와 같은 결과에 긍정적 영향을 미친다는 것을 입증해 왔다. 많은 기업이 투명한 커뮤니케이션이란 '전략적으로' 투명하게 정보를 공개하는 것, 즉 적절한 정보를, 적절한 시기에, 적절한 사람들에게 공유하는 것을 의미한다고 생각한다. 그러나 이러한 좁은 정의는 어떤 것이 '올바른' 정보인지, 올바른 '대상'은 누구인지, 적절한 '시기'는 언제인지에 대한 윤리적 딜레마를 불러올 수 있다. 브래드 롤린스(Brad Rawlins)가 주장한 바와 같이, 투명성은 회사나 리더가 알려 주고 싶은 것이 아니라 이해관계자들이 알고 싶어 하는 것에 따라 결정된다(Rawlins, 2009). 즉, 투명한 커뮤니케이션은 직원이 알고 싶어 하는 정보를 일방적으로 공유하는 것뿐만 아니라, 개방적인 분위기를 조성하고, 직원들의 니즈를 적극적으로 파악하여, 명확한 업무와 역할의 기대와 지침을 정확하게 제공하는 것을 의미한다. 스타트업 리더들이 개방적이고, 투명하고 솔직한 정보를 제공한다면 직원들의 불확실성을 줄이고, 불안감을 완화하며, 신뢰를 구축하고, 자신의 업무에 참여할 가능성일 높이는 데 도움이 된다. 뿐만 아니라 직원들 역할의 모호성을 줄이고, 업무 명확성을 향상해, 이로 인한 스타트업의 이탈률 감소와 생산성 향상 또한 기대할 수 있다.

경청하기

모든 리더가 경청(listening)을 잘하는 것은 아니다. 자신이 하고 싶은 말을 전달하는 데 초점을 맞추는 것이 대부분이다. 많은 커뮤니케이션 학자가 지적한 대로, 양방향 커뮤니케이션은 반드시 말하기(telling)와 듣기(listening)를 포함해야 한다. 경청이란 개방적인 환경에서 대화

(dialogue)를 통한 상호 이해와 공통의 목표를 찾는 데 의의가 있다(Macnamara, 2016). 경청은 이해관계자들에 대한 존중, 배려, 공감, 수용의 태도에서 출발한다. 내부적으로는 직원들이 의견을 편하게 개진할 수 있는 환경을 조성하고, 조직과의 친밀감을 높이며, 직원들의 심리적 안녕(well-being)과 개인적 발전을 도모한다. 뿐만 아니라 경청은 리더의 진정성이나 조직 신뢰와 깊은 연관이 있다.

스타트업 리더는 내부 직원뿐만 아니라 고객, 투자자, 파트너나 경쟁자 등 유용하고 솔직한 정보를 제공할 수 있는 어떠한 이해관계자의 의견에도 경청해야 한다. 많은 스타트업 CEO가 비공식적 자문 그룹을 구성하여 사업 전반에 대한 피드백을 지속적으로 수집하는 것이 그 좋은 예다. 경청은 단순히 이해관계자들의 의견과 정보를 수집하는 수단으로 끝나서는 안 된다. 이러한 의견과 피드백을 의사 결정 과정에 적극 반영하고, 평가하며, 지속적으로 공중과 커뮤니케이션할 때 비로소 진정한 경청의 가치를 발휘할 수 있다. 따라서 리더는 경청의 가치를 인식하고, 직원들과 조직의 자원을 적절히 활용하여 이해관계자들의 의견을 들을 수 있는 다양한 방법을 마련하고, '경청하는' 조직 문화를 발전시키도록 해야 한다.

진정성

진정성(authenticity)은 효과적인 리더십 커뮤니케이션의 주요 특징 중 하나로 손꼽힌다. 리더의 진정성은 자신이 믿고 있는 가치(예: 정직함, 공정함, 친절함, 책임감 등), 강점과 약점을 정확히 파악하는 데서 출발한다. 자기 자신이 누구인지 정확히 알기에, 다른 사람들의 기대에 따라 행동하지 않고 자신이 옳다고 믿는 것과 자신에게 내재한 가치에 따라 행동하는 경향이 있다. 진정성 있는 리더는 다른 사람에 대한 존중과 관심을 바탕으로 커뮤니케이션을 하며, 개방적이고 투명하며 진실하게 행동하고, 상대방의 상황과 의견에 깊이 공감하고, 언행일치를 유지한다(Shen & Kim, 2012). 이러한 진정성 있는 리더의 자질은 스타트업 기업에서 더욱더 빛을 발할 수 있다. 리더와 직원 간 장벽을 낮춰 보다 개방적인 환경에서 팀워크를 향상하고, 직원들의 참여와 몰입도를 증진하며, 긍정적이고 장기적인 조직과 직원 간 관계를 개발하는 데 도움이 되기 때문이다.

참고문헌

Fairhurst, G. T. & Connaughton, S. L.(2014). Leadership communication. T*he SAGE handbook of organizational* *communication: Advances in theory, research, and method*, 401~423.

Gupta, V., MacMillan, I. C., & Surie, G.(2004). Entrepreneurial leadership: developing and measuring a cross-cultural construct. *Journal of Business Venturing, 19*(2), 241~260.

Macnamara, J.(2016). Organizational listening: Addressing a major gap in public relations theory and practice. *Journal of Public Relations Research, 28*(3-4), 146~169.

Rawlins, B.(2008). Give the emperor a mirror: Toward developing a stakeholder measurement of organizational transparency. *Journal of Public Relations Research, 21*(1), 71~99.

Shen, H. & Kim, J. N.(2012). The authentic enterprise: Another buzz word, or a true driver of quality relationships?. *Journal of Public Relations Research, 24*(4), 371~389.

05

스타트업 브랜딩

브랜딩은 스타트업 전략 커뮤니케이션의 꽃이다. 기업의 아이덴티티를 형성하고 지속 가능한 경험을 제공하는 브랜딩 활동은 이해관계자들과의 긍정적인 관계 형성의 기초가 된다. 직원들을 기업 브랜드와 일체화해 홍보 대사의 역할을 할 수 있게 하는 인터널 브랜딩의 가치를 이해할 필요가 있다.

브랜딩이란?

브랜딩(branding)이란 기업이 고객이나 투자자, 직원을 포함한 이해관계자들에게 어떻게 인식되게 할 것인지에 대한 시각적 · 언어적 · 경험적 노력을 말한다(Bresciani & Eppler, 2010). 스타트업 기업에게 브랜딩이란 새로운 비즈니스 정체성(identity)을 형성하고, 잠재 고객의 관심을 끌게 하고, 기업의 주요 내외부 이해관계자와의 관계를 결정지을 수 있는 중요한 요소다. 효과적인 스타트업의 브랜딩 전략을 위한 단계는 다음과 같이 요약할 수 있다.

브랜드 아이덴티티 구축하기

회사의 미션과 비전, 가치 등을 바탕으로 경쟁 업체와 구별되는, 우리 회사만의 특색 있는 셀링 포인트(selling-point)를 강조하는 것이 브랜드의 아이덴티티(identity)를 형성하는 첫 단계다(Huang-Horowitz, 2015). 브랜드의 성격을 잘 드러내는 로고, 색깔, 타이포그래피(typography), 이미지 등을 적절하게 이용하는데, 특히 회사의 로고는 브랜드의 상징을 시각적으로 나타낸다. 소비자들에게는 회사의 첫인상을 각인하는 중요한 요소이기 때문에, 브랜드 이미지와 일치하고 기억에 오래 남을 만한 것으로 선정해야 한다. 시각적 요소들의 질과 일관성을 확보하기 위해 전문 그래픽 디자이너를 고용하는 것이 일반적이다. 기업의 주요 시장과 고객을 분석하는 것 또한 브랜드를 구축하는 데 결정적인 요소다. 인구 통계학적 요소(예: 성별, 지역, 나이 등)뿐만 아니라 주요 잠재 고객의 선호도, 라이프 스타일, 태도, 관심도 등을 정확히 분석하여 니즈에 맞는 회사의 캐릭터를 선정하게 된다. 회사가 속해 있는 산업군과 타깃 시장의 성격과 관련이 있는 메시지를 개발하고 배포하는 데 도움이 되기 때문이다.

브랜드 메시지 작성하기

브랜드의 정체성을 구축했다면, 이해관계자들에게 어떤 메시지를 전달할 것인지 생각해야 한다. 우리 스타트업이 어떤 기업인지, 어떤 제품이나 서비스를 제공하는지, 왜 주요 고객들에게 중요한지, 어떻게 우리 기업이 주요 고객들의 문제를 해결하고 필요를 만족시킬 수 있는지를 알릴 수 있는 간결하고, 명확하고, 설득력 있는 메시지가 필요하다. 현재 트렌드와 경쟁업체들에 대한 정보를 바탕으로 주요 메시지를 선정한 후에는, 주요 고객층을 대상으로 브랜드 스토리를 만들어 내는 것 또한 효과적인 방법이다. 모든 스타트업은 창업자의 창업 스토리, 역사, 문제 해결

관련 혹은 사회적 영향 등 저만의 다양하고 특별한 이야기를 가지고 있다. 이런 스토리는 브랜드를 조금 더 친숙한 이미지로 만들고 고객들의 긍정적인 감성을 자극하는 역할을 할 수 있다.

지속 가능한 브랜드 경험 제공하기

스타트업의 브랜드 정체성과 이미지를 확립했다면, 브랜드 신뢰도와 인지도를 유지하기 위해 이해관계자들에게 지속되고 일관된 경험을 제공해야 한다. 기본적으로는 웹사이트를 개발하고 네이버, 다음, 구글 등 서치 엔진에 최적화된 콘텐츠를 이용해 브랜드가 잘 노출될 수 있게 하는 것을 목표로 할 수 있다. 기업 웹사이트를 비롯해 각종 보도 자료, 마케팅 자료, 소셜 미디어 등에 배포되는 브랜드 관련 메시지, 시각적 요소, 경험 등을 일관되게 사용하고 있는지 확인하는 작업 또한 선행되어야 한다.

이후 다양한 커뮤니케이션 채널(이메일, 인플루언서, 광고, 소셜 미디어 등)을 활용해서 마케팅 전략을 세우고, 고품질의 콘텐츠(블로그, 포스트, 비디오, 인포그래픽, 팟캐스트, 웨비나 등)를 제작 · 공유하여 어떻게 효과적으로 이해관계자들에게 정보를 제공하고, 교육하며, 즐거움을 줄 수 있을지를 고민해야 한다. 가장 흔하게 사용되는 소셜 미디어 채널들을 활성화하는 작업도 잊지 말아야 하며, 고객들의 의견과 피드백에 적극적으로 응답하고 있는지 지속적으로 체크해야 한다. 이해관계자들에게 브랜드가 원하는 방향대로 기업이 잘 인식되고 있는지 온·오프라인상에서 브랜드 관련 키워드들을 지속적으로 모니터링하여 평가하고, 이를 기반으로 필요하다면 브랜드 전략을 수정하는 것 또한 고려할 수 있다.

대화하기

브랜딩의 핵심은 주요 고객들에게 브랜드 메시지를 잘 전달하는 것뿐만 아니라, 상호 작용을 통한 서로의 경험을 '공유'하는 것 또한 포함한다. 고객 평가 시스템 UGC(user-generated content) 등을 이용해 고객들의 상품과 서비스에 대한 경험을 직접 다른 유저들과 공유할 기회를 제공함으로써 커뮤니케이션의 진정성과 신뢰도를 향상할 수 있다. 뿐만 아니라 쌍방향 커뮤니케이션을 통해 고객들과 끊임없이 소통하고, 질문에 즉각 응답하는 것은 지속적으로 커뮤니케이션 캠페인의 성과를 평가할 기회가 될 수 있다.

스타트업은 역동적인 시장 상황에 놓여 있기 때문에 고객의 피드백이나 변화하는 트렌드, 경쟁 구도에 맞게 마케팅 커뮤니케이션 전략을 바꿀 준비가 언제든 되어 있어야 한다. 따라서 웹사이트나 소셜 미디어 트래픽, 전환율, 참여 수준, 고객 피드백 등의 평가 지표를 주기적으로 분석하고, 고객의 반응을 적극적으로 살필 필요가 있다.

이러한 브랜딩 과정과 전략은 유능한 인재를 채용하고 유지하기 위한 목적으로 행해지는 홍보와 마케팅 전략을 칭하는 고용주 브랜딩(employer branding) 전략에도 적용할 수 있다. 고용주 브랜딩이란 타깃이 되는 이해관계자가 잠재적인 회사 직원(혹은 지원자들)이라는 점에서 일반 브랜딩과 차이를 보이는데, 이들을 대상으로 일하기 좋은 회사, 매력적인 회사를 만드는 것을 목표로 한다.

인터널 브랜딩

직원들은 고객들과 직접적으로 상호 작용하는 조직의 '얼굴'로서 고객의 브랜드 경험을 결정짓는 중요한 조직의 자산이다. 직원과 고객의 커뮤니케이션은 고객의 만족도, 충성도, 그리고 기업의 브랜드 자산에 큰 영향을 미치므로 기업들은 외부 이해관계자들을 대상으로 하는 브랜딩 전략뿐 아니라 직원들을 브랜드 앰배서더(ambassador)로 만드는 내부 브랜딩에도 관심을 가진다. 즉, 외부와 내부 노력의 균형을 맞추는 것이 효과적인 브랜딩 전략으로 인식되어야 하는 것이다.

이런 내부 지향적 관점에서 인터널 브랜딩(internal branding)이라는 개념이 등장한다. 이는 조직이 직원들에게 자신의 조직과 브랜드에 대한 충분한 이해와 지식을 기반으로 외부 이해관계자들에게 브랜드의 의미와 가치를 드러낼 수 있도록 명확한 행동 지침을 전달하는 것이다(King & Grace, 2008). 다시 말해 기업이 내부와 외부에 전달되는 기업 메시지의 지속성을 위해 직원들이 브랜드의 이미지를 충분히 내면화하여 브랜드 '전도사'의 역할을 할 수 있도록 브랜드를 직원들에게 잘 홍보하는 전략이다. 인터널 마케팅의 일원인 인터널 브랜딩은 크게 브랜드 인적 관리 전략(human resource management: HRM), 인터널 커뮤니케이션, 브랜드 리더십 등 세 가지 요소로 나뉜다.

첫째, 브랜드 인적 관리 전략은 직원 채용, 교육, 보상과 평가 시스템을 포함한다. 브랜드 가치와 일치하고 조직의 미션에 적합한(fit) 사람을 유치하고 채용하는 것이 첫 번째 단계다. 이후 직원 훈련이나 교육 과정, 코칭이나 멘토링 등을 포함한 여러 가지 전략으로 직원들에게 브랜드의 기본적 개념을 알린다. 보상 시스템과 인센티브는 외부 고객들에게 브랜드 가치를 잘 전달하는 직원들의 행동을 칭찬하고 인정하는 도구로 쓰일 수 있다. 이러한 기본적인 HRM 전략은 직원들이 브랜드에 대한 지식을 쌓게 해주는 한편 직원들의 긍정적인 태도와 행동을 유발하는 첫 단계가 될 수 있다. 직원들 개개인이 소비자의 인지도, 충성도, 브랜드 이미지 등과 같은 브랜드 자산에 어떤 기여를 할 수 있는지도 확인할 수 있다.

둘째, 인터널 커뮤니케이션 기능은 직원들에게 브랜드에 대한 명확한 아이디어를 전달하는 노력을 의미한다. 단순한 HRM 활동이 직원들의 외적 동기(예: 인센티브 등)를 불러일으킨다면, 적절한 커뮤니케이션은 직원들의 내적 동기를 유발하여 자발적 행동을 유도할 수 있다는 점에서 차이가 있다. 브랜드 커뮤니케이션은 브랜드에 대한 직원들의 이해도를 향상하고, 브랜드를 외부 대중에게 전달하는 데 필요한 지식 또한 상승시킨다. 이러한 커뮤니케이션은 언어적 · 비언어적 요소를 모두 포함하고, 회사 홈페이지, 브랜드 매뉴얼, 게시판, 사보, 영상, 브로슈어 등의 채널을 통해 전달될 수 있다. 뿐만 아니라 양방향 소통을 통해 직원들의 브랜드 관련 아이디어와 의견을 수집하고 피드백하는 과정을 브랜드 전략에 포함한다면 더 능동적이고 자발적인 행동을 불러일으킬 수 있을 것이다.

셋째, 인터널 브랜딩 전략 수행에서 기업의 리더(예: 직속 상사)의 역할 또한 중요하다. 리더들의 브랜드 옹호 행동은 직원들이 브랜드 가치를 현실에서 쉽게 전환하도록 영감을 주고, 동기를 부여하는 핵심 역할을 한다. 리더들은 직원들이 브랜드를 자기 정체성의 일부로 내면화하도록 만들고, 브랜드 관련 행동을 적극적으로 수행하게끔 동기 부여할 수 있기에 리더들에 대한 브랜드 교육 또한 필수로 이루어져야 한다.

참고문헌

Bresciani, S. & Eppler, M. J.(2010). Brand new ventures? Insights on start-ups' branding practices. *Journal of Product & Brand Management, 19*(5), 356~366.

Huang-Horowitz, N. C.(2015). Public relations in the small business environment: Creating identity and building reputation. *Public Relations Review, 41*(3), 345~353.

King, C. & Grace, D.(2008). Internal branding: Exploring the employee's perspective. *Journal of Brand Management, 15*, 358~372.

06

스타트업과 기업가 정신

스타트업 기업의 리더가 꼭 갖추어야 할 기업가 정신은 전략적인 커뮤니케이션 활동을 수반할 때 발휘된다. 사회적 네트워킹과 명확한 비전 확립을 통해 혁신적 아이디어를 추구하는 커뮤니케이션 전략으로서 기업가 정신의 가치가 더욱 강조된다.

스타트업 기업가라면 누구나 알아야 할 역량, 기업가 정신

미국의 경제학자 조지프 슘페터(Joseph Schumpeter)는 기업가 정신(entrepreneurship) 혹은 창업가 정신을 강조했다. 그는 미래의 불확실성 속에서도 장래를 정확하게 예측하고 위험을 부담하며 변화를 모색하여 기업을 키우려는 것이 기업가의 주요 임무이며, 이러한 의지를 기업가 정신이라고 하였다(Schumpeter, 1934). 이후 기업가 정신은 개인이 자신이 현재 처한 상황이나 자원과 관계없이 기회를 추구하는 과정으로도 정의되었다.

오늘날 기업가 정신은 혁신과 창의성을 기반으로 하며, 다양한 경험을 바탕으로 위험과 도전에 직면한 사람들에게서 볼 수 있다. 따라서 이 개념은 스타트업이라는 주제와 밀접하게 연관되어 있다. 혁신적이고 성장 지향적인 성격을 지닌 스타트업은 지속적으로 조직의 성과를 재평가하고 그 정체성을 탈바꿈할 수 있기 때문에 기업가 정신은 더없이 중요한 요소다. 기업가적 조직 이론(Alvarez & Barney, 2004)에 따르면, 기업가 정신은 글로벌 경제 사회에서 리더십과 우수성을 지향하는 모든 유형의 기업에서 경쟁 우위를 확보하고 기술 성장의 기반을 형성할 수 있는 기업 자산이다.

기업가적 커뮤니케이션 모델

기업가적 조직이 갖추어야 할 네 가지 요소는 게이트 키핑(gatekeeping), 혁신 추구(orientation to innovation), 변화적 리더십(transformative leadership), 재구성(enactment)이다. 이 네 가지 요소는 이후 전략 커뮤니케이션 분야에서 제안된 기업가적 커뮤니케이션 모델(entrepreneurial communication model)의 기반이 되었는데, 이 모델에 따르면 기업가는 조정가(aligning), 열정가(energizing), 비전가(visioning)의 정신으로 커뮤니케이션 전략을 수행할 때 비로소 기업가 정신을 발휘할 수 있다(Invernizzi & Romenti, 2014).

게이트 키핑과 네트워킹

기업가 정신으로 무장한 기업가가 새로운 아이디어를 개발하고, 아이디어를 통한 기업 가치를 창출하며, 타인으로부터 지지를 얻기 위해서는 조직 내외부의 적극적인 사회적 상호 작용이 필요하다. 게이트 키핑이란 기업 외부에서 기업의 기존 역량(예: 신기술, 새로운 서비스 등)을 활용하거나 이와 결합할 잠재적 기회를 탐색, 필터링, 평가하는 것을 의미한다. 즉, 끊임없이 변화하는 외부 정보와 지식의 적극적인 수집 과정으로, 조직의 역량 개발, 유지, 관리, 개선을 목표로 하는 작업이다. 이러한 정보는 기술 혁신 도입이나 시장 변화, 조직 환경 변화 등 조직 발전에 중요하다. 물론 게이트 키핑은 조직 내에서도 수행된다. 기업의 내부 환경, 즉 현재 기업이 가지고 있는 지식이나 자원을 조사함으로써, 기존 기술이나 개념, 아이디어, 역량에 새로운 아이디어를 어떻게 잘 적용하고 통합할 수 있는지에 대한 이해가 선행되어야 하기 때문이다. 이러한 환경 탐색(scouting) 과정은 기업의 경쟁 환경을 재구성(enact)하고 재창조하는 기업의 능력과 밀접하게 연관되어 있다.

스타트업의 혁신적인 아이디어는 때때로 외부 상황과 제약에 의해 실행할 수 없는 경우가 있다. 이때 외부 환경에 맞춰 기업의 전략 계획을 수정, 변경하거나 새로운 시장을 형성하는 등 선택적으로 환경을 재구성해야 한데, 기업가의 적극적인 게이트 키핑의 노력 없이는 불가능하다. 외부 환경을 끊임없이 관찰하고, 촉각을 곤두세우며, 잠재적인 자원과 고객 수요의 조합을 시의적절하게 잘 활성화할 때 기회가 찾아오기 때문이다.

네트워킹(networking) 또한 중요한 기업가 커뮤니케이션 역량이다. 스타트업 리더 혹은 직원의 개인적 · 비즈니스적 소셜 네트워크는 새로운 아이디어 개발, 공식 · 비공식 제휴, 비즈니스나 트렌드 관련 정보 습득 등을 위한 효율적인 채널이 될 수 있다. 네트워크는 또한 스타트업의 정보, 피드백, 지식의 전파에 필요한 사회적 자본을 구축하는 데 도움이 된다.

효율적인 게이트 키핑과 네트워킹을 기반으로 적절한 '조정자(aligning)'의 역할을 하는 것이 기업가적 커뮤니케이션의 첫 번째 자질이다. 이는 기업의 경계 확장자(boundary spanner)의 역할을 하는 것을 의미하는데, 조직 내외부 환경을 탐색하고, 정보를 선택적으로 수용하고 수정함으로써, 기업 발전에 최적화된 정보를 내적으로 공유하는 활동이다. 이러한 역할을 하기 위해서는 먼저 주요 이해관계자들과 신뢰를 기반으로 탄탄한 네트워크를 쌓아야 한다.

혁신 추구

기업가 정신은 불확실한 환경에서 혁신을 촉진(orientation to innovation)하는 노력이라 정의할 수 있는 것처럼, 기업가 정신은 혁신을 빼놓고는 이야기할 수 없다. 혁신을 추구한다는 것은 새로운 시장을 개척하여 기술적 · 조직적 기회를 발견할 뿐만 아니라 환경의 변화로 인한 문제를 해결하는 방법에서 노하우를 아는 것을 의미한다. 혁신 능력은 스타트업 리더 개인에게만 국한된 것이 아니다. 혁신을 위해서는 기존 서비스나 제품에 사용되는 기술이나 관리에 대한 광범위하고 구체적인 지식이 필요하다. 이를 위해서는 내부 직원들을 한데 통합하고, 이들을 광범위한 지식 수집과 혁신 과정에 포함하는 것이 필수다. 직원들에게 자율적 의사 결정권을 부여하고 다양한 채널을 통해 필요한 정보에 접근할 수 있게 하면 직원들의 헌신도와 참여도가 크게 상승하고, 사기가 진작되며, 더 나아가 창의성을 제고하는 데 효율적이다.

따라서 혁신을 추구하는 '열정가(energizing)'의 역할을 하는 것이 기업가적 커뮤니케이터의 두 번째 자질이다. 즉, 성공적인 기업가 정신은 열정을 통해 다른 내부 이해관계자들의 기업가적 행동을 끌어내 혁신을 주도하는 것이 얼마나 중요한지를 알려 준다. 여기에는 조직의 자원, 역량, 기능을 혁신적인 방식으로 사용하는 것 또한 포함한다. 기존 자원을 통합하여 새로운 기업 역량을 창출하고 지식을 확산하기 위해서는 내부의 협업 네트워크를 구축하고 직원들의 참여를 독려하여 혁신을 이루어 내는 일이 필요하다.

변혁적 리더십

혁신을 창출하는 능력뿐 아니라 혁신의 개발과 사용을 보장하는 능력, 즉 변혁적 리더십(transformative leadership) 또한 기업가 역량에서 중요한 요소다. 변혁적 리더는 기업 내에서 어떻게 하면 직원들의 혁신적 잠재력을 일깨우고, 직원들의 꾸준한 몰입과 헌신을 지속적으로 끌어내며, 혁신에 방해되는 요소를 극복하고, 갈등을 효율적으로 해결할 것인지 고민한다. 변혁적 리더는 조직의 성공에 필수 불가결한 요소다. 여기서 변혁적 리더십의 핵심은 기업가적 비전과 특정한 가치를 개발하고, 이를 효율적으로 커뮤니케이션하며, 이 비전 아래 직원들 간의 결속력을 다지고 존중과 신뢰를 확보하는 데 달려 있다. 최고의 성과를 얻어 내기 위해서는 프로젝트의 목표를 공유하고, 혁신적인 아이디어와 프로젝트를 장려하여 직원들에게 활력을 불어넣고, 주어진 프로젝트에 몰입할 수 있도록 동기를 부여하며, 충분한 토론을 통해 다양한 관점을 비교·분석하려는 리더십이 필요하다(Bass & Riggio, 2006).

이런 '비전가(visioning)'로서의 기업가적 커뮤니케이션은 기업 전략의 비전을 정의하고, 기업의 미션과 가치에 관련된 일관된 메시지를 조직 안팎으로 전달하는 능력을 가리킨다. 이러한 비전은 직원들의 적극적인 지지와 헌신을 끌어내고, 유능한 직원들을 한데 모아 최상의 팀워크를 구축하는 데 도움이 되며, 스타트업의 전략적 가치를 창출할 수 있다는 점에서 의의가 있다.

참고문헌

Alvarez, S. A. & Barney, J. B.(2004). Organizing rent generation and appropriation: Toward a theory of the entrepreneurial firm. *Journal of Business Venturing, 19*(5), 621~635.

Bass, B. M. & Riggio, R. E.(2006). *Transformational leadership.* Psychology press.

Invernizzi, E. & Romenti, S.(2014). Adopting an entrepreneurial perspective in the study of strategic communication. In *The Routledge handbook of strategic communication*(pp. 214~228). Routledge.

Schumpeter, J.(1934). *The theory of economic development.* Cambridge, MA: Harvard University Press.

07

스타트업 내부 커뮤니케이션

열정적이고 사기 충만하며 창의적인 아이디어로 가득 찬 직원들의 몰입은 스타트업 성장의 핵심 요소다. 효과적인 내부 커뮤니케이션이 스타트업 기업에게 더욱 중요한 이유다. 전략적 내부 커뮤니케이션으로 스타트업은 혁신적인 기업 문화를 구축하고, 직원 몰입을 증진하며, 직원과 조직의 관계를 향상할 수 있다.

내부 커뮤니케이션이란?

내부 커뮤니케이션(internal communication)은 PR의 주요 기능 중 하나이며, 직원 커뮤니케이션, 인터널 커뮤니케이션 등으로도 부른다. 전략적 커뮤니케이션 관점에서 내부 커뮤니케이션은 직원과 조직 간 상호 의존성을 인정하고, 상호 이익이 되는 관계 지향을 목표로 하는 조직에서 발생하는 일련의 커뮤니케이션 행위다. 효과적인 내부 커뮤니케이션은 적절한 정보를 제공하고, 직원들을 한데 연결하며, 기업 내 건전한 내부 커뮤니티를 형성하여 조직-관계성을 높이며 직원들의 조직 동일시를 높이는 데 중요한 역할을 하는 것으로 알려져 왔다(이연재, 2023).

내부 커뮤니케이션은 왜 중요한가?

스타트업의 내부 커뮤니케이션은 일반 기업의 커뮤니케이션보다 더 중요하다. 스타트업은 특정 시기에 급성장하는 경우가 많고 이에 따른 인원, 부서, 업무 세분화와 조직 파편화를 자주 겪기 때문이다. 내부 커뮤니케이션의 부재로 일어나는 창업 파트너와의 의견 충돌, 직원 간 불협화음뿐 아니라 회사 내 잘못된 문화 정착, 직원 퇴사까지 다양한 내부 이슈를 해결하지 못한다면 기업의 성장세를 억제하는 일로 번질 수도 있다. 기존 연구에 따르면, 전략적인 내부 커뮤니케이션은 스타트업의 올바른 기업 문화 구축, 직원 참여와 몰입 증진, 직원과 조직의 관계 개선 측면에서 의의가 있다.

기업 문화 구축

스타트업 기업의 조직 문화는 직원들을 한데 통합시키고, 공동의 목표를 향해 나아가게 하며, 새로운 인재를 유입하고 동기를 부여하는 역할을 한다. 이전의 조직 문화 연구에 따르면, 많은 기업 문화가 존재하지만, 혁신, 참여와 포용, 즐거움 문화가 스타트업에 지배적인 것으로 나타났다 (Men et al., 2019).

먼저, '혁신(innovation) 문화'란 의사 결정 과정에서 새로운 아이디어와 접근법, 비즈니스 모델 등을 지향하고, 고정관념에서 벗어나 생각하는 것, 위험을 감수하는 것, 시행착오를 겪는 것 등에 가치를 두며, 대담한 사고나 모험심과 호기심을 추구하는 문화를 일컫는다. 혁신 문화는 치열한 경쟁 환경에서 우위를 확보해야만 하는 스타트업의 특성상 더 빠르고 경쟁적이고 공격적으로 일하는 환경에 적합한 문화로 자리 잡았다.

둘째, '참여와 포용 문화(participation and inclusion)'는 기업 내부의 개방성과 투명성을 강조한다. 특히 젊은 세대는 조직에 더 많은 정보를 기대하고, 개방적이고 투명한 경영을 선호하며, 자신의 의견과 목소리를 강력하게 내는 데 거리낌이 없다. MZ 세대 등 젊은 직원들이 주를 이루는 스타트업 기업에서는 직원의 참여를 끌어내고, 의견을 포용하고, 피드백에 유연하게 대처하는 문화가 직원들의 신뢰 형성 및 기업 혁신에 도움이 된다.

마지막으로, '기쁨(joy)의 문화'는 즐거움과 웃음이 가득한 일자리를 선호하는 직원들의 기대를 대변한다. 스타트업 기업 직원들은 실적의 압박을 많이 받고 빠르게 변화하는 환경에 대처하기 위해 경쟁적으로 일한다. 하지만 '열심히 일하고 열심히 놀자'는 마음가짐으로 일하는 것 또한 요즘 스타트업 직원들의 특징이다. 기쁨의 문화는 더욱 쾌활하고 편한 직장 환경을 만들기 위한 노력이다. 많은 스타트업이 유머 감각, 재미, 즐거움을 추구하며 즐겁고 행복한 분위기를 직장 문화로 안착시키려는 노력을 하고 있다.

직원 몰입 증진

직원 몰입(employee engagement)은 지난 30년간 비즈니스와 PR, 커뮤니케이션 분야에서 가장 '핫'한 트렌드로 떠올랐다. 직원 몰입이란 직원들이 자기 일과 직장에 만족하고, 헌신하며, 깊이 몰두해 있고, 일체화하고 있는 상태를 가리키는 말이다(Saks, 2006). 이는 조직의 생산성, 수익성, 명성과 같은 재무적 이익에 기여할 뿐 아니라 소비자 만족도, 충성도, 조직의 전반적인 경쟁력 확보에 중요한 역할을 한다고 알려져 있다. 뿐만 아니라 직원 개개인의 긍정적 태도와 행동, 정신 건강, 회복 탄력성 등을 증진한다. 전략적 내부 커뮤니케이션은 이 같은 직원 몰입을 증진하는 데 없어서는 안 될 아주 중요한 요소로 여겨져 왔다. 효과적인 내부 커뮤니케이션을 통해 직원들에게 중요한 정보를 적시에 제공하고, 직원들을 한데 모으며, 동기 부여를 시키고, 직원들의 의견을 수렴하여 조직의 의사 결정에 반영할 수 있다. 우수한 내부 커뮤니케이션 환경, 시스템을 갖춘 조직에서 일하는 직원들은 그만큼 자기 일, 조직에 몰입할 가능성이 크다.

직원과 조직의 관계 개선

직원과 조직의 관계(employee-organization relationship: EOR)는 PR과 전략 커뮤니케이션의 중요한 결과물로서 오랫동안 연구 대상이 되어 왔다. 특히 새로운 벤처 기업의 생존과 성장에 필수적이다. 치열한 시장 경쟁과 불확실한 전망으로 인해 스타트업 기업은 유능한 인재를 유치하고 유지하기 위해 힘써야 하며, 장기적으로 상호 이익이 되는 '질 좋은' 관계로 나아가기 위해 노력해야 한다. 직원과 조직 관계에서 좋은 질(quality)이란 직원들이 조직의 경영에 만족하고, 조직을 신뢰하고 헌신하며, 상호 협력을 인식하고 있는 상태를 의미한다. 수많은 연구가 투명한 정보 공개와 직원들의 의견 경청, 참여 독려, 권한 부여와 같은 방식의 전략적 내부 커뮤니케이션이 직원과 조직 간 질을 장기적이고 긍정적으로 확립하는 데 도움이 된다고 밝혔다(Lee & Yue, 2020).

전략적 내부 커뮤니케이션이란?

그렇다면 스타트업 기업이 강력한 조직 문화를 구축하고, 직원 몰입을 향상하고, 직원과 조직의 관계를 잘 유지하기 위해서는 어떤 내부 커뮤니케이션 전략을 써야 할까?

리더십

조직에서 리더의 커뮤니케이션은 내부 커뮤니케이션의 가장 중요한 요소다. 직원들이 가장 신뢰할 수 있는 조직 관련 정보의 소스인 리더의 커뮤니케이션 스타일, 커뮤니케이션 채널과 커뮤니케이션 능력은 직원들의 감정과 행동에 큰 영향을 끼치고 조직 문화를 형성하기 때문이다.

리더는 팀원들의 역할과 책임을 명확히 정의 · 분배하고 직원들이 무슨 일을 해야 하는지, 어떻게 실행해야 하는지 정확한 가이드라인을 제공해야 한다.

스타트업 환경에서는 일반적으로 회사를 설립한 창업자나 주요 전략적 결정을 맡고 있는 CEO가 내부 커뮤니케이션 활동을 수행한다. CEO는 '최고 몰입 경영자(chief engagement officer)'의 역할을 하는데, 조직의 전략, 방향, 비전 등을 제시하면서 조직 문화를 결정짓고, 기업 명성을 강화하고, 외부 대중과 직접적으로 의사소통하며, PR 기능을 활성화한다. 일반 기업과 달리 스타트업 환경에서는 직원들이 CEO와 매일같이 대면 채널 등으로 쉽게 소통할 가능성이 높다. 리더에게 쉽게 접근할 수 있는 가능성은 직원들과 더 긴밀하게, 즉각적으로 소통할 수 있다는 점에서 큰 장점이다.

쌍방향, 대화형 커뮤니케이션 시스템

직원들의 신뢰를 구축하고 조직과 직원 간 상호 이익을 극대화하기 위해서는 쌍방향, 그리고 대칭적인 커뮤니케이션 시스템을 구축해야 한다. PR학의 오랜 이론인 우수이론에 따르면, '수평적 커뮤니케이션, 피드백, 협상, 개방성, 상호 존중' 등을 특징으로 하는 쌍방향 대칭적

(two-way symmetrical) 커뮤니케이션 시스템은 직원과 조직 간 벽을 허물어 신뢰도를 높이고, 직원 몰입을 증진하는 데 효과적이다(Grunig, 2013). 기본적으로 조직은 직원들에게 최대한의 피드백 기회를 제공하여 의사 결정에 참여시키며, 직원들의 의견과 우려되는 점 등을 경청하여 의사 결정에 반영하려고 노력해야 한다. 이러한 커뮤니케이션은 단순히 정보를 전달하는 일방향 커뮤니케이션과는 대비되는데, 직원들과의 질 좋은 관계를 유지하고, 상황을 서로 이해하고, 갈등을 중재하는 역할을 강조한다. 대화형(dialogic) 커뮤니케이션은 조직 구조를 보다 유기적으로 바꾸며 직원들의 참여 문화를 독려하는 등의 특징 때문에 윤리적인 커뮤니케이션 모델로도 꼽힌다. 스타트업 기업이 개방형 오피스를 사용한다든지, 정기적인 팀 회의, 일대일 회의 등으로 직원들에게 지속적으로 피드백 기회를 제공한다든지 하는 활동을 통해 보다 열린 자세로 직원들과 소통하는 것이 대화형 커뮤니케이션의 예다.

참고문헌

이연재(2023). 『인터널 커뮤니케이션』. 커뮤니케이션북스.

Grunig, J. E.(2013). Symmetrical systems of internal communication. *Excellence in public relations and communication management*, 531~575.

Lee, Y. & Yue, C. A.(2020). Status of internal communication research in public relations: An analysis of published articles in nine scholarly journals from 1970 to 2019. *Public Relations Review, 46*(3), 101906.

Men, L. R., Ji, Y. G., & Chen, Z. F.(2019). *Strategic communication for startups and entrepreneurs in China.* Routledge.

Saks, A. M.(2006). Antecedents and consequences of employee engagement. *Journal of Managerial Psychology, 21*(7), 600~619.

08

스타트업과 소셜 미디어

소셜 미디어는 스타트업에게 없어서는 안 될 홍보와 전략 커뮤니케이션 채널이 되었다. 브랜드와 기업 명성 구축에서부터 관계 형성과 유지, 입소문 만들어 내기까지 이제 막 시작하려는 기업에 소셜 미디어가 가져다주는 효과와 영향력은 엄청나다. 소셜 미디어의 가치와 역할을 인지하고 상황에 맞는 적절한 전략을 세우는 것이 전략 커뮤니케이션의 핵심이다.

인스타그램, 페이스북, 유튜브, 틱톡 등 누구나 쉽게 사용할 수 있는 소셜 미디어가 기업과 이해관계자의 커뮤니케이션 방식을 크게 변화시켰다는 것은 자명한 사실이다. 소셜 미디어는 스타트업 기업에게는 필수 커뮤니케이션 도구로서 그 중요성이 인식되어 왔다. 값비싼 대중 매체 광고에 투자하기보다, 소셜 미디어가 비용 면에서 효율적이고 더 타깃이 명확한 잠재 고객에게 노출하기에도 유용하기 때문이다. 그러나 소셜 미디어를 활용하여 '어떻게', '잘' 커뮤니케이션해야 하는가에 대한 질문은 여전히 수수께끼로 남아 있다. 효과적인 소셜 미디어 커뮤니케이션에 관한 정답은 없다. 스타트업의 산업군과 배경 등을 고려해 자신의 회사에 적합한 전략을 찾는 것이 중요하다. 스타트업의 경우 주로 제품 및 서비스에 대한 인지도를 높이는 목적, 그리고 브랜드 이미지와 평판 형성의 목적, 장기적인 관계 구축, 입소문을 높이려는 목적으로 소셜 미디어를 사용하는 경향이 있다(Chen et al., 2017).

인지도 상승과 지식 창출

아직 명확한 평판과 지식이 없는 스타트업이 살아남으려면 먼저 이름을 알려야 한다. 따라서 브랜드와 기업 정체성에 대한 대중의 인식을 제고하는 것은 스타트업의 소셜 미디어 커뮤니케이션의 중요한 목적 중 하나다. 예를 들어, 인스타그램 공식 계정을 활용하면 투자자들에게 자신들이 어떤 기업인지, 어떤 제품과 서비스를 다루는지, 어떤 활동을 하는지를 쉽고 빠르게 알릴 수 있다. 특히 사업 초기 반복적으로 자사의 콘텐츠를 공유하는 것은 상황에 따라서는 과유불급이 될 수 있다. 그보다는 기업 전반이나 업계 트렌드 같은 콘텐츠를 포함해 보다 다양한 정보를 제공하는 것이 장기적으로 사용자들의 시선을 끌고 참여도를 높이는 방법이 될 수 있다.

입소문 높이기

스타트업은 소셜 미디어를 현재 고객뿐만 아니라 잠재 고객에게 입소문과 정보 공유를 장려할 목적으로 이용한다. 소셜 미디어는 결국 사용자 생성 콘텐츠다. 스타트업 회사가 일방적으로 제공하는 콘텐츠보다는 고객의 추천이나 공유가 잠재 고객에게 더 신뢰를 준다(제삼자의 보증 효과). 따라서 많은 스타트업이 고객의 입소문을 유도하고 기업의 가시성을 보다 높이는 데 도움이 되는 전략을 택하고 있다.

관계 형성과 유지

소셜 미디어는 근본적으로 커뮤니티 형성에 목적이 있다. 장기적으로 이러한 커뮤니티와 좋은 관계를 유지하기 위해서는 소셜 미디어에서 생산하는 콘텐츠의 가치와 피드백, 고객 서비스 시스템 모두가 한데 어우러져야 한다. 스타트업은 소셜 미디어를 활용한 정보 제공, 브랜드 평판 구축, 이해관계자들과의 지속적인 대화와 소통으로 고객, 잠재 고객, 투자자와 장기적인 관계를 구축하고 유지할 수 있다.

새로운 비즈니스 기회 창출

새로운 비즈니스를 개발하는 것 역시 스타트업이 소셜 미디어를 사용하는 중요한 목적이다. 좋은 소셜 미디어 콘텐츠는 회사 수익과 직접적인 관련이 있을 수 있다. 고객이 스타트업 제품이나 서비스를 직접 소셜 미디어에서 주문하는 일은 매우 흔하다. 또한 많은 스타트업이 소셜 미디어 콘텐츠에 하이퍼링크나 해시태그(#) 등을 삽입한 경우, 기업 웹사이트 트래픽양이 증가하는 것을 경험한다.

전략 커뮤니케이션 학자들은 소셜 미디어를 활용한 커뮤니케이션 목적을 달성하기 위해 여러 이론에 기반하여 전략과 전술을 연구해 왔다. 특히 스타트업에서 채택할 수 있는 다양한 소셜 미디어 커뮤니케이션 전략을 아래와 같이 요약할 수 있다.

정보 전달과 공유 전략

가장 일반적인 전략으로서, 브랜드에 대한 지식을 생성하고 인지도를 높이는 데 목적이 있다. 스타트업 소셜 미디어 콘텐츠의 상당 부분이 회사, 제품 또는 서비스에 대한 정보로 이루어져 있다. 스타트업은 소셜 미디어를 신제품 출시, 새로운 벤처 투자 기금 발표 또는 다른 기업과의 전략적 파트너십에 대한 소식을 공유하기 위한 실용적 도구로 사용한다. 이는 소비자들의 요구와 일맥상통하는 것으로, 소비자들 또한 스타트업 회사의 정보를 획득하기 위해 스타트업의 소셜 미디어를 이용한다.

프로모션 전략

스타트업의 소셜 미디어 계정에서 가장 흔하게 쓰이는 전략으로, 특히 소비자와 직접 상호 작용하는 서비스 스타트업에 많이 사용한다. 종종 프로모션, 할인과 세일 등을 활용하여 고객을 유인하여 팔로우하고 게시물을 공유하고 구매하게 하는 전략이다.

대화 전략

대화(dialogue) 전략은 소셜 미디어의 특성을 가장 잘 활용할 수 있는 전략으로, 고객과의 양방향(two-way) 커뮤니케이션을 추구한다. 댓글, 메시지(예: DM) 기능 등을 통한 고객과의 대화로 스타트업 기업은 고객들과 더 직접적인 관계를 맺고, 공동의 커뮤니티를 형성하며, 문제를 더욱 즉각적으로 해결할 수 있다. 이해관계자들 또한 자신의 의견을 기업이 경청하고 있다고 인지하여 좋은 입소문을 낼 수 있다. 그 때문에 많은 스타트업 기업이 소셜 미디어상의 의견을 지속적으로 모니터링하는 고객 서비스팀을 두기도 한다. 이러한 활동은 잠재적 위험 신호를 발견해 내는 데 도움이 되며, 문제를 제기하는 소비자의 불만을 즉각 해결할 수 있다는 이점도 있다.

사고적 리더십 구축 전략

스타트업은 회사나 제품과 직접적으로 관련되지 않은 산업 전반의 유용한 정보를 콘텐츠에 포함하여 소셜 미디어에 공유하기도 한다. 이 같은 사고적 리더십(thought leadership) 전략은 스타트업의 사회적 기대에 부응하기 위한 노력의 일환이다. 브랜드 인지도를 높이고, 질 높은 콘텐츠를 통해 대중을 교육하고, 사회 문제에 참여하여 의견을 나누기 위한 목적으로 사용된다. 이 전략은 특히나 B2B 스타트업에서 선호하며, 해외 스타트업에서는 여러 가지 소셜 미디어 채널 중 링크드인(Linkedin)을 많이 활용하는 추세다.

공동 브랜딩과 제삼자 인증 전략

스타트업은 보통 자원이 제한적이며 기업 정체성과 평판을 확립하지 못한 상태이기 때문에 노출을 목적으로 타 브랜드와의 공동 브랜딩이나 인플루언서와의 협업에 의존하는 경우가 많다. 이는 특히 소셜 미디어 계정 생성 초기에 더 많은 조회 수와 노출을 생성하는 데 도움이 된다. 유명인이나 연예인 광고(celebrity endorsement)가 항상 소비자의 호평을 받는 것은 아니다. 예를 들어, 스타트업은 긍정적인 평판을 받고 있지만 소비자들이 특정 유명인에게 반감을 갖는 경우 노출 증대에는 도움이 되지만 소비자들의 부정적 반응을 감당해야 하는 리스크가 발생한다.

인간적 목소리, 의인화 전략

소셜 미디어 커뮤니케이션은 일방적으로 정보를 전달하는 것이 아니라 이해관계자의 참여에 기반을 둔다. Kelleher(2009)는 소셜 미디어 콘텐츠 전략에서 '대화 형식의 인간적 목소리(conversational human voice)'라는 개념을 제시했다. 이는 직접적이고 정보 전달에 치우친 형태의 담화가 아니라 다양한 관용어, 뉘앙스, 감정 등을 통합한 좀 더 역동적인 대화법이다. 소셜 미디어가 유저 간 비공식적 커뮤니케이션을 특징으로 하다 보니, 보다 캐주얼하고 대화식이며 비공식적인 어조를 사용하는 어법이 소셜 미디어 내에서 효과적인 전략으로 꼽힌다. 이 전략은 브랜드의 인격화를 더욱 강화할 수 있고, 소비자들의 호감을 사며 기업에 더 긍정적인 태도와 행동을 도출하는 데 도움이 된다. 많은 스타트업이 소셜 미디어 콘텐츠에 이모티콘 등을 적극적으로 활용하여 이해관계자들의 감정에 호소하고 브랜드 접근 가능성을 높이려고 하는 전략도 이에 속한다. 특히나 CEO가 개인 소셜 미디어 채널에 이 전략을 사용했을 때 더 많은 조회 수, 공유, 댓글을 유인하는 것으로 드러났다.

참고문헌

Chen, Z. F., Ji, Y. G., & Men, L. R.(2017). Strategic use of social media for stakeholder engagement in startup companies in China. *International Journal of Strategic Communication, 11*(3), 244~267.

Kelleher, T.(2009). Conversational voice, communicated

commitment, and public relations outcomes in interactive online communication. *Journal of Communication, 59*(1), 172~188.

09

스타트업 위기 커뮤니케이션

스타트업은 기업 위기 상황에 특히 취약하다.
위기관리가 주요 관심 영역이 아닐뿐더러
적절히 대비할 인적, 물질적 역량이 부족하기
때문이다. 조직 안팎에서 발생할 수 있는 위기를
미리 감지하고 갈등을 효과적으로 해결하기
위해서는 위기관리의 중요성과 위기 상황 전후
단계별 전략에 대한 이해가 선행되어야 한다.

기업 위기는 어느 기업이든 피할 수 없다. 스타트업의 경우 더더욱 그러하다. 소셜 미디어에 올라온 회사에 대한 부정적인 글에서부터 인터넷에 퍼지는 거짓 정보, 직원의 일탈과 조기 퇴사 같은 이슈가 하루가 멀다고 터져 나온다. 기업의 크고 작은 이슈는 조직의 기능을 제때 발휘하지 못하게 하고, 기업 평판에 큰 흠집을 낼 수 있다. 내외부 이해관계자들의 신뢰를 회복하는 데에도 시간이 걸리게 한다. 특히나 스타트업은 조직적인 위기관리 팀이 꾸려져 있는 중견 · 대기업과 달리 제한된 인적 · 물질적 자원 등으로 조직 내 위기관리 역량이 높지 않다. 따라서 위기 상황에 대한 적절한 이해와 대비가 더욱더 요구된다.

위기 커뮤니케이션

일반적으로 기업에서 위기란 조직의 목표 달성에 부정적인 영향을 끼칠 수 있는 일련의 사건을 가리킨다. 위기 커뮤니케이션이란 이러한 부정적인 사건들로부터 기업을 보호하고, 잠재적 위협을 줄여 기업 명성을 회복시키며, 주요 이해관계자들에게 위기에 대한 정보를 공유하고 피드백을 수렴하는 '대화(dialogue)' 형식의 의사소통 전략을 일컫는다. 위기 커뮤니케이션은 PR이나 전략 커뮤니케이션의 가장 중요한 부분으로, 즉각적이고 적절한 대응을 통해 훼손된 조직의 이미지를 빠르게 회복하고, 브랜드 이미지 손상을 최소화하며, 이해관계자와의 신뢰를 유지하는 데 필수적이다(Coombs, 2010). 한 위기관리 학자는 적절한 기업의 위기관리를 위기 감지, 위기 방지 및 대비, 위기 대응, 위기 회복, 평가 등 5단계로 나누어 설명했다(Mitroff, 1994)

위기 감지

위기가 발생하기 전, 위기 상황을 적절히 감지(identify)하는 것이 위기관리의 첫 단계다. 일상 비즈니스 상황에서 위기를 감지하는 경고 신호(warning sign)에 주목하고 벤치마킹과 적절한 환경 분석(environment scanning)을 통해 조직 안팎에서 위기 상황이 발생할 가능성에 촉각을 곤두세우는 단계다. 이러한 기업의 노력은 작은 이슈가 더 큰 기업 위기 상황으로 발전하는 것을 막아 준다. 따라서 지속적으로 조직 안팎의 문제점을 관찰하고 해결하기 위해 적극적으로 환경을 살피는 노력이 필요하다.

위기 방지와 대비

위기 커뮤니케이션 전문가들은 입을 모아 위기 대비(preparation)의 중요성을 강조한다. 위기를 잘 감지하고,

방지(prevention)하는 노력만으로도 위기관리에 투자해야 하는 조직의 시간과 비용을 상당히 절약할 수 있기 때문이다. 따라서 많은 기업은 자주 일어날 수 있고 예측할 수 있는 위기 상황에 대비하기 위한 커뮤니케이션 플랜(communication plan)을 가지고 있다. 여기에는 위기 상황이 발생했을 때 누가, 어떤 일을 담당할 것인지에 대한 정보, 보고 체계, 보도 자료 예시, 미디어 리스트 등이 포함된다.

위기 대비에는 조직의 이해관계자들과의 지속적이고도 양방향적인 커뮤니케이션을 통한 관계 구축이 필수다. 위기 발생 시 부정적인 영향을 최소화하고 이해관계자들의 이해, 지지, 신뢰를 빠르게 얻어 낼 수 있기 때문이다. 예를 들어, 조직의 정책이나 내부 보고 시스템을 꾸준히 업데이트한다거나, 지역 사회 의견을 청취하여 조직의 의사 결정에 반영한다거나, 사회적 책임(corporate social responsibility: CSR) 활동을 수행하여 평판을 쌓는다거나, 안전 프로토콜을 개발하는 등의 적극적 활동은 긍정적인 조직과 공중 관계를 구축함으로써 위기를 대비하게 해 주는 좋은 방법이다.

위기 대응

위기 대응(containment)은 위기의 지속 기간을 제한하거나 위기가 조직에 영향을 미치는 다른 영역으로 확산하는 것을 방지하려는 노력을 말한다. 위기 발생 시의 주요 커뮤니케이션 전략에는 여러 가지 학설과 이론이 있는데, 그 중 상황적 위기 커뮤니케이션 이론(situational crisis communication theory: SCCT)은 PR과 홍보 학계에서 가장 오랫동안 주목받는 이론이다. 기업의 평판 손실 최소화를 목적으로 하는 상황적 커뮤니케이션 이론은 귀인 이론(attribution theory)에 바탕을 두고 있다. 어떤 사건이 발생했을 때 사람들은 그 원인을 찾으려는 경향이 있고, 특히 사건이 부정적이나 예측하지 못한 상황일 때 더더욱 그러하다는 이론이다. 바로 이러한 책임성(attribution of responsibility)에 따라 조직의 이해관계자들도 조직에 위기가 발생했을 때 조직에 얼마나 책임이 있는지를 평가하는데, 이것이 전략 커뮤니케이션의 기초가 된다. 쿰스와 홀로데이(Coombs & Holladay, 2002)는 위기의 원인이 내부에 있었는지 외부에 있었는지, 혹은 의도적이었는지 비의도적이었는지에 따라 위기를 크게 피해자(victim) 유형, 사고(accidental) 유형, 고의(intentional) 유형 등 세 가지로 구별했다.

피해자 유형은 자연재해나 루머와 같이 조직이 통제하기 어려운 상황을 가리킨다. 사고 유형은 제품의 기술적 결함 등과 같이 의도성은 없으나 조직에 위기 책임은 어느 정도 있다고 인식되는 상황이다. 고의 유형은 조직이 사전에 통제 가능하며, 의도적으로 발생한 유형이다(예: 오너 리스크).

상황적 위기 커뮤니케이션 이론은 이런 다양한 성격의 위기에 따라 조직의 커뮤니케이션 전략도 차별적으로 이루어져야 한다고 주장한다. 유형마다 적절한 대응 전략은 크게 부인(denial), 축소(diminish), 복구(rebuild)의 세 가지로 분류된다. 적절한 위기 대응 전략의 매칭(matching)은 조직의 훼손된 평판을 빠르게 회복할 수 있다.

위기 회복

위기 회복(recovery) 단계에서는 이해관계자로부터 신뢰를 회복하여 조직의 비즈니스를 위기가 발생하기 전의 상태로 되돌리려고 노력한다. 조직 안팎의 이해관계자들을 대하는 방식에 따라 때로는 신속한 위기 회복도 가능하다.

대중은 기업의 진정성 있는 행보를 기대한다. 기업 위기 상황에서도 마찬가지다. 잘못을 저질렀을 경우 얼마나 진정성 있게 사과하는가, 어디에서 어떻게 위기가 시작되었는지, 어떻게 해결하고 있으며 추후 위기 상황을 방지하기 위해 어떤 노력을 할 것인지를 명확하고 구체적으로 설명해야 한다. 사과문에서도 피해자들에 대한 공감, 이해, 지지를 바탕으로 진정성 있는 모습을 보여야 대중의 신뢰를 빠르게 회복할 수 있다. 스타트업 기업의 위기 상황에서 CEO가 직접 나서서 사과하고 설명하는 것은 대개 진정성 있는 커뮤니케이션 전략으로 인식된다.

직원들은 조직의 위기 발생 시 가장 빛을 발할 수 있는 이해관계자다. 조직을 대표하는 얼굴로서, 외부 공중에게 자신의 조직을 지지하고 방어하며, 위기 상황에 유감을 표하고, 조직을 보호하려고 나선다면 외부 이해관계자들의 신뢰를 빠르게 회복하여 위기를 효과적으로 극복할 수 있기 때문이다. 특히 직원들의 강력한 목소리가 소셜 미디어에 노출되면 그 효과는 더욱 강조된다. 따라서 직원들과 위기에 대한 정보와 진전 상황을 빠르게 공유하는 것이 필수적이다. 특히 위기 상황 해결에 대한 의사 결정 프로세스에 직원들을 참여시켜 직원들이 논의할 기회를 부여하고, 직원들의 질문에 답하고, 우려 사항에 대해 귀 기울이는 노력이 중요하다. 이러한 노력은 직원들이 위기를 함께 극복할 수 있게 하며, 조직이 자신의 의견을 경청하고 있다고 느끼게 한다. 또한 가치 있는 조직의 일원이라는 생각을 더욱 공고하게 한다. 직원들이 위기 상황을 자신의 일로 여기고 더 적극적으로 조직의 위기 극복에 참여할 가능성이 높아지기 때문이다.

평가

마지막으로 평가(learning)의 과정에서는 위기의 과정에서 무엇을 잃고 얻었는지, 조직이 위기를 어떻게 기회로 만들어 성과를 거뒀는지를 파악한다. 이는 미래에 비슷한 실수를 반복하여 위기를 다시 겪지 않게 하는 방법이다. 이런 위기 커뮤니케이션 관리 평가 · 측정 과정은 위기 발생 전(before), 발생 중(during), 발생 후(after)에 모두 이뤄져야 한다.

참고문헌

Coombs, W. T.(2010). Parameters for crisis communication. *The handbook of crisis communication*, 17~53.

Coombs, W. T. & Holladay, S. J.(2002). Helping crisis managers protect reputational assets: Initial tests of the situational crisis communication theory. *Management Communication Quarterly, 16*(2), 165~186.

Mitroff, I. I.(1994). Crisis management and environmentalism: A natural fit. *California management review, 36*(2), 101~113.

10

스타트업과 사회적 책임

CSR이나 ESG와 같은 기업의 사회적 활동에 대한 관심이 커지면서 글로벌 시민으로서 스타트업 기업에게 요구되는 사회적 책임 또한 증가하는 추세다. 전략적 커뮤니케이션은 밖으로는 스타트업 기업의 사회 공헌을 인지시키고, 안으로는 사회적 활동에 관한 지지와 동의를 끌어낸다.

스타트업에게는 비즈니스 성장과 더불어 사회적 책임 또한 요구된다. 스타트업이 성장하면서 사회적 영향력을 점차 키워 나가고 있기 때문이다. 대중은 스타트업이 단순한 비즈니스를 넘어서서, 사회가 당면한 과제를 해결하고 개선하는 데 더 많은 역할을 할 수 있다고 생각한다. 예를 들어, 혁신적인 아이디어로 국가 인프라 문제나 환경 문제, 빈곤 문제 등 다양한 사회 문제를 창의적이고 효과적으로 해결하기를 기대한다.

스타트업의 사회적 자본에 대한 활동과 투자는 기업이 더 넓고 신뢰할 만한 명성을 구축하는 데 도움이 된다. 물론 제한된 자본으로 사회적 활동에 큰 투자를 하기에는 어려움이 있을 수 있다. 사회적 활동에 대한 투자 가치가 과연 있는가에 대한 논란은 여전히 존재하지만, 사회적 활동을 스타트업 비즈니스 모델에 통합시킬 수 있는 유리한 점이 분명히 있다. 스타트업이 기업의 사회적 책임(corporate social responsibility: CSR) 활동 전략에 투자해야 하는 이유는 아래와 같이 요약할 수 있다.

탄탄한 고객 기반 확보

요즘 소비자들은 CSR 활동에 앞장선 기업을 지원하는 데 서슴지 않는다. 젊은 세대일수록 더더욱 그러하다. 고객은 기업의 이익보다 더 큰 목적에 헌신하는 회사의 서비스와 제품을 구매하고 충성도를 유지할 가능성이 있다. 스타트업도 예외는 아니다. 많은 연구에서 소비자들은 이윤추구뿐만 아니라 세상을 더 나은 곳으로 만들기 위해 노력하는 회사의 제품을 구매하려는 동기가 있는 것으로 밝혀졌다. 요즘에는 미국을 중심으로 많은 기업이 인종 차별, 환경, 이민 문제 등 논란이 될 수 있는 사회 문제에 공개적으로 목소리를 내는 추세다(corporate social advocacy: CSA). 이런 회사의 공개적 입장은 소비자들의 반발을 불러올 수도 있으나(예: 보이콧 등), 기존 고객들의 충성심을 확보하고 구매 의사를 높일 수 있다는 점에서 의의가 있다(Dodd & Supa, 2014). 따라서 요즘 기업들은 사회문제에 더 분명한 입장을 취하고 적극적으로 해결해야 한다는 압박을 받고 있다.

인재 유치와 유지

지원자들은 회사의 채용 공고를 확인할 때 급여와 복리 후생 이상을 고려한다. 요즘 직원들은 대부분 기업이 사회적 목적을 가지고 운영되어야 한다고 믿는다. 따라서 강력한 가치를 기반으로 한 회사의 사명과 비전 없이는 직원 몰입을 유지하기 힘들다. 사회적 활동에 대한 투자는 우수한 인재를 채용하고 유지하는 데에도 도움이 된다. 뿐만 아니라 많은 연구가 자기 기업의 CSR 활동을 인식하는 직원 대다수가 더 많은 의욕, 충성심을 가지고 일하는 것으로 보고한 바 있다(Lee et al., 2013).

브랜드 평판 구축과 차별화

기술이 발전하면서 스타트업들이 제공하는 제품과 서비스가 점점 유사해지고 있다. 따라서 기업들이 경쟁사와 차별화하기가 점점 더 어려워지고 있다. 이때 기업의 사회적 의미와 활동을 강조하는 CSR 투자는 경쟁사와 비교하여 자신의 스타트업이 눈에 띄게 할 수 있는 한 가지 방법이다. 앞서 언급했듯 기업의 주요 이해관계자들, 즉 소비자와 직원은 목적 지향적인 회사에 가치를 두는 경향이 있다. 따라서 CSR에 대한 스타트업의 적극적인 행보는 다른 경쟁사들과 차별화하고 긍정적이고 윤리적인 브랜드 평판을 구축할 수 있는 바람직한 방법이 될 수 있다.

재무 성과 개선과 투자자 유치

CSR에 대한 투자는 비용이라기보다는 수익 증대를 위한 장기적인 투자 행위로 인식할 필요가 있다. IO 지속 가능성(IO Sustainability)과 밥슨대학교(Babson College)의 공동 연구에 따르면, CSR에 투자하는 기업은 15년 동안 약 6%의 시장 가치를 얻고, 주가 변동성을 2~10% 줄이고, 시장 위험을 4% 줄일 수 있다(Yngve, 2018). 스타트업은 이러한 사회적 활동이 잠재적인 미래 투자자들에게 미치는 영향 또한 고려할 수 있다. 이전 연구에서는 기업의 환경과 사회를 개선하려는 노력이 투자자들의 지속적 투자 결정에 영향을 미치는 것으로 밝혀졌다(Lu et al., 2021). 특히 젊은 밀레니얼 세대 투자자들일수록 회사의 CSR 활동을 더욱 이해하려는 경향을 보인다. 이는 투자자들의 사회적 활동에 대한 관심이 앞으로도 계속 커지리라는 것을 의미하며, 이들의 투자를 극대화하기 위해서는 스타트업 기업 또한 이윤 이상의 기업의 사회적 목적, 의미를 고려해야 한다는 것을 보여 준다.

기업의 사회적 활동과 더불어 요즘은 ESG에 대한 투자를 늘려 나가는 추세다. 환경(environment), 사회(social), 지배 구조(governance)에 대한 책임을 뜻하는 ESG 활동은 기업의 생존과 직결되어 요즘 기업들의 경영에 필수 요소가 된 지 오래다. 스타트업도 마찬가지다(Mansouri & Momtaz, 2022).

환경

환경(environment)은 환경을 둘러싼 지속 가능성 문제와 관련한 기업의 사회적 책임을 일컫는다. 여기에는 재생 에너지 솔루션, 지속 가능한 패션, 공정 무역 제품 등 환경 문제를 다루는 제품이나 서비스 판매가 포함된다. 스타트업은 폐기물 감소, 에너지 절약, 친환경 소재 사용, 재활용 프로그램 구현 등 환경 측면에서 지속 가능한 관행을 비즈니스 운영 방침으로 채택할 수 있다. 이는 환경에 미치는 영향을 줄일 뿐만 아니라 장기적으로는 비용 절감으로도 이어진다. 배달의민족과 함께 폐플라스틱 배달 용기를 회수하는 로봇을 설치하고 운영하는 폐기물 재활용 스타트업인 수퍼빈은 자원 순환에 대한 인식 제고를 위해 폐기물로 제작한 상품을 판매 · 전시하는 등 다양한 환경 관련 사회 활동을 펼치고 있다.

사회

사회(social)는 사회 문제 참여 혹은 지역 사회 공헌 등과 같은 활동에 해당한다. 자원봉사 프로그램, 지역 행사 후원, 지역 자선 단체 또는 비영리 단체와의 파트너십 등 다양한 방법을 통해 지역 사회와 소통할 수 있다. 이는 지역 사회에 도움이 될 뿐만 아니라 스타트업의 브랜드 평판도 향상할 수 있다.

스타트업은 또한 다른 기업, NGO, 정부, 학계와 협력하여 공동 이니셔티브, 자원 공유 및 지식 교환 등의 노력을 통해 사회 공헌의 영향력을 더욱 확대할 수 있다. 예를 들어, 국내 디지털 치료제 개발 스타트업 하이(HAII)는 경도 인지 장애와 치매를 진단하고 예방, 훈련하는 프로그램을 개발했다. 하이는 이 프로그램이 치매 예방과 아동의 자기 조절력 상태를 스크리닝하는 디지털 서비스 등을 통해 사회적 약자가 의료 혜택을 차별 없이 누릴 수 있게 하는 기술이라는 점을 강조했다.

지배 구조

지배 구조(governance)는 조직의 지배 구조가 투명한지의 여부를 비재무적인 틀로 평가한다. 스타트업은 윤리적 공급망(supply chain)이 확보되어 공급업체의 노동 관행과 환경 기준이 윤리적인지를 평가할 수 있다. 여기에는 공급업체에 대한 실사 수행 및 책임감 있는 자재 조달이 포함된다. 뿐만 아니라 직원들의 웰빙을 위하여 스타트업은 유연한 근무 방식, 건강 및 웰니스 프로그램, 전문성 개발 기회 등의 혜택을 제공할 수 있다. 기업의 투명성이나 책임과 관련하여, 스타트업은 CSR 이니셔티브를 투명하게 공개하고 진행 상황을 정기적으로 보고할 수 있다. 이는 이해관계자와의 신뢰를 구축하는 데 도움이 되며 회사가 사회적 · 환경적 약속에 책임지도록 도와주는 역할을 한다.

물론 ESG가 필수인 시대이지만, 스타트업의 경우 회사 체계를 만들고 성장하는 단계이므로 작은 실천부터 시작하고 가시적인 행보에 크게 연연해하지 않아도 된다고 전문가들은 말한다. 그러나 ESG를 기반으로 경영 철학과 운영 체계를 수립하는 일은 긍정적인 사회와 환경 변화에 기여할 뿐만 아니라 스타트업의 장기적인 성공과 지속 가능성, 경쟁력을 향상하는 데 분명 도움이 될 것이다.

참고문헌

Dodd, M. D. & Supa, D. W.(2014). Conceptualizing and measuring "corporate social advocacy" communication: Examining the impact on corporate financial performance. *Public Relations Journal, 8*(3), 2~23.

Lee, E. M., Park, S. Y., & Lee, H. J.(2013). Employee perception of CSR activities: Its antecedents and consequences. *Journal of Business Research, 66*(10), 1716~1724.

Lu, H., Oh, W. Y., Kleffner, A., & Chang, Y. K.(2021). How do investors value corporate social responsibility? Market valuation and the firm specific contexts. J*ournal of Business Research*, 125, 14~25.

Mansouri, S. & Momtaz, P. P.(2022). Financing sustainable entrepreneurship: ESG measurement, valuation, and performance. *Journal of Business Venturing, 37*(6), 106258.

Yngve, K.(2018). Research finds ROI for business working to improve community health and Well-being. *Babson Thought & Action*. Retrieved from https://entrepreneurship.babson.edu/project-roi-community-health

이연재

콜로라도주립대학교저널리즘·미디어커뮤니케이션학과 교수다. 이화여자대학교 국제사무학과를 졸업하고 퍼듀대학교에서 PR 및 전략 커뮤니케이션(Public Relations and Strategic Communication) 박사학위를 받았다. 내부 커뮤니케이션, 리더십, 소셜 미디어 관리, 위기 커뮤니케이션 등을 주제로 국제 저명 학술 저널에 70편 이상의 논문을 게재했다.
Association for Education in Journalism and Mass Communication(AEJMC), National Communication Association(NCA) 등 국제 저명 컨퍼런스에서 우수논문상을 다수 수상했으며, Arthur W. Page Center를 비롯한 연구 지원 기관에서 지난 5년간 총 약 1억 원 규모의 연구비를 따냈다.